australien

genussreise & rezepte

australien

genussreise & rezepte

Sebastian Dickhaut Michael Boyny

 HÄDECKE

Impressum

© Walter Hädecke Verlag, D-71263 Weil der Stadt, 1999

Redaktion: Monika Graff

Text und Foodstyling: Sebastian Dickhaut
e-Mail: dickhaut@zipworld.com.au

Fotos: Michael Boyny, München
e-Mail: boyny@bigfoot.com

Porträt Michael Boyny: Sabine Brasseler

Gestaltung und Satz: Juscha Deumling
JAM, Büro für Art Design, München

Repro und Druck: Metzger Druck, Obrigheim
Printed in Germany 1999

ISBN 3-7750-0502-1

Ta!

Dieses Buch war eine Herauforderung, die wir nur dank der Hilfe vieler meistern konnten. Die Australian Tourist Commission hat uns Türen geöffnet und mit Insider-Wissen oft weitergeholfen. Wertvolle Informationen verdanken wir der Deutsch-Australischen Industrie- und Handelskammer in Sydney.

Christine Manfield, Chefin des Paramount in Sydney, hat sich viel Zeit für uns genommen und selbst die Fahrt im Allrad-Truck nicht gescheut. Daß eine moderne Australierin auch Hüterin alter Familienrezepte sein kann, bewies uns Dorothy Chesseoo in Mona Vale. Das Walpiri-Volk gestattete uns Einblick in die Kultur de Ureinwohner Australiens. Mit einem Crashkurs zur Situation der Aborigines im Red Centre hat uns Aaron »White Stallone« vom Red Ochre Grill in Alice Springs verblüfft. Und er verschaffte uns die einzige weiße Tischdecke weit und breit. Im Outback South Australias lernten wir auf der Farm von Colin Schubert und Brenda Pengilly den wahren Aussie-Spirit kennen.

Nicole Beyer und Kim Marriot stellten ihr bezauberndes Heim in Melbourne als Foto-Location zur Verfügung. In Sydney vertrauten uns Uschi und Alexander Hofmann außerdem Silberbesteck und Saftbecher ihrer Tochter an. Die kulinarischen Diskussionen mit Alex waren eine wichtige Basis bei der Arbeit an diesem Buch.

Nachdem der Hädecke Verlag von unserer Idee überzeugt war, ließ er uns bei der Arbeit so viel freie Hand, wie wir es uns nur wünschen konnten. Juscha Deumling schaffte es, »unser Australien« einzufangen und ihm einen wunderschönen Rahmen zu geben.

Doch erst dank unser Partner konnte dieses Buch Wirklichkeit werden: Sabine, die Michael auf den monatelangen Reisen durch Australien unterstützte, inspirierte und im entscheidenden Augenblick den Yoga-Löwen brüllen ließ. Sieglinde, die Sebastians Gedanken freien Lauf ließ, für glückliche Momente sorgte und tapfer alle Heimsuchungen und Fernreisen geschehen ließ.

Ihnen und allen anderen, die uns geholfen, ermutigt und begleitet haben, sagen wir ein herzliches, australisches »Ta!«

inhalt

brief an matilda

sydney im august

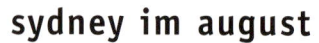

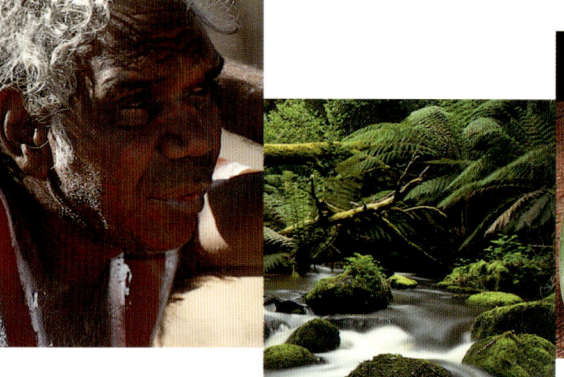

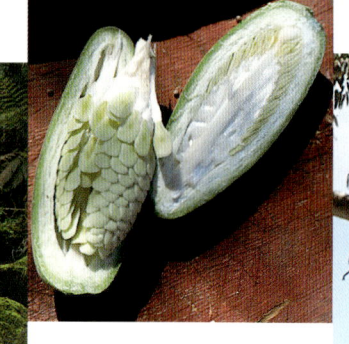

Liebe Matilda,

das ist ja wirklich »down under«: Während für Dich da oben auf Europatour der Sommer gerade in die Vollen geht, ist hier unten an der Ostküste Deines Australiens zum ersten Mal ein bißchen vom Frühling zu spüren. Und jedesmal wenn Du abends schön durchgewärmt aus einem römischen Straßencaffè oder aus einem Münchner Biergarten nach Hause läufst, bricht hier in Sydney schon der nächste Tag an. Und was für ein Tag das heute ist! Kaum hatte die Sonne ein Stück Himmel unter sich gelassen, leuchtete der schon wieder in diesem satten, fast unnatürlichen Blau des späten Winters, und die Kälte der Nacht war wie weggewischt.

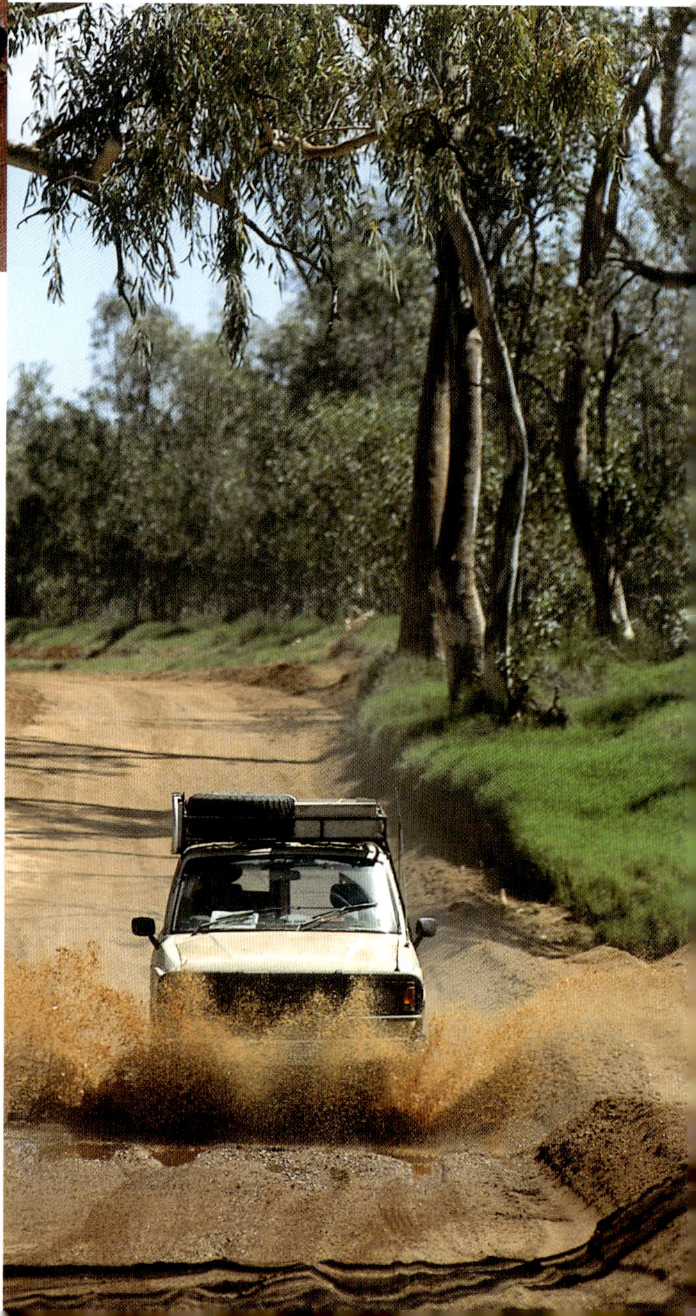

Gerade sizte ich in Johnno's Cafe über Warriewood Beach, wo die vielleicht besten Fish'n' Chips des nördlichen Sydney gemacht werden. Es ist so ein typisches Oz-Strandcafe, wie Du es in Europa immer vermissen wirst. Orange gestrichene Wände, von der Decke hängt ein schwarz angemaltes Surfbrett, beschrieben mit dem Angebot an Sandwiches, Burgern und Muffins. Rechts der Kühlschrank voller Wasser, Cola und Ginger Ale zur Selbstbedienung, daneben die italienische Kaffeemaschine, links die Theke zum Bezahlen. Vor der Tür ein paar Metalltische und Korbstühle, von wo aus der Blick über den Pazifik geht, der heute ruhig daliegt wie eine gigantische Glasplatte. Am Anfang leuchtet er noch türkis, doch zum Horizont hin wird sein Blau immer massiver, kälter, unerreichbarer. Erst in Chile wird er wieder auf festes Land stoßen.

Doch meine Gedanken ziehen ins Landesinnere, während ich Dir von den letzten zwölf Monaten schreibe, von unserer kulinarischen Entdeckungsreise durch Australien. Die Erinnerung eilt die typische Vorortstraße hinter mir entlang, vorbei an dem Vorgarten mit dem Avocadobaum, vorbei am Olivenbaum mit den flirrenden Blättern und den Grevilleen, von deren honiggelben Dolden die Rosella-Papageien so gerne naschen. Und die Gedankentour geht weiter in Richtung Westen, durch die dampfenden Eukalyptuswälder der Blue Mountains hindurch, hinaus in die geschwungene Ebene von New South Wales mit ihren riesigen Weiden und Feldern. Ab Bourke beginnt dann die rote Endlosigkeit, bis endlich Alice Springs wie ein sicherer Hafen aus der Wüste auftaucht.

Es war tatsächlich wie die Reise in eine andere Welt, als ich im November letzten Jahres von Sydney kommend im roten Herzen des Kontinents landete. Wie es sich für einen richtigen Sydneysider gehört, kannte ich das Outback bis dahin nur aus dem Fernsehen. »Red Centre? Great place«, hatten sie am Abend zuvor noch alle beim Barbecue gesagt, auch wenn keiner dabei war, der je dort gewesen ist. Und nun wollten Michael und ich dort die Urküche Australiens ergründen, dem Bushfood der Aborigines auf die Spur kommen. Beim ersten Sammeln von Feuerholz schien ich auch gleich auf einen ganzen Haufen Buschkokosnüsse gestoßen zu sein. Michael, der die Wüste von seinen Fotoreisen genau kennt, wußte es besser. Als ich mit meiner Beute zurück in den Allrad-Landcruiser klettern wollte, schüttelte er nur mit dem Kopf: »Sorry, aber das ist getrockneter Kuhdung«, knurrte er. Magisches Australien.

Als wir zwei Wochen später vom ausgetrockneten Bett des Finke River über brettharte Sandpisten zurück nach Alice Springs rumpelten, konnten wir beide die wahren Buschkokosnüsse längst mit bloßem Auge am Fahrbahnrand entdecken. Auf Wanderungen und in Gesprächen mit Aborigines, Rangern und Köchen hatte jeder eine Menge dazugelernt, und das Lernen geht immer noch weiter. Außerdem verstand ich damals zum ersten Mal, warum uns selbst Australienkenner in Deutschland nicht glauben konnten, daß wir dieses Land in einem Kochbuch beschreiben wollen. Denn neben dem Bushfood hatte ich im Outback die Küche kennengelernt, von der die klassischen Rucksacktouristen hier leben müssen.

Im Piemont kann man bei Herbstwanderungen in fast jedem Dorf auf eine verwunschene Trattoria mit schlichter, aber guter Küche stoßen; in Thailand lockt auch in entlegenen Gegenden am Straßenrand oft eine Garküche mit delikaten Köstlichkeiten. Im Inneren von Australien aber liegt oft nur das Roadhouse mit seinen aufgewärmten Meat Pies auf dem Weg, oder der Laden-Imbiß mit der Schinken-Käse-Rote-Bete-Sandwich-Theke. Bis zu meinem ersten Besuch im Outback kamen meine Gespräche übers Essen schnell an einem toten Punkt an: Während die anderen von Barbecue-Massakern und Fastfood-Attacken berichteten, schwärmte ich von der neuen australischen Küche, die Europas und Asiens Kochstile so gekonnt vermählt, erzählte von den weltweit bewunderten kulinarischen Genüssen in den Restaurants der australischen Metropolen. Keiner wußte bei diesen Gesprächen, wovon der andere eigentlich redete.

Von dieser australischen Durchschnittsküche, liebe Matilda, hast Du mir nie erzählt. Und auch alle eure wunderschönen Freßmagazine schweigen dazu, so wie man vor Fremden nicht von dieser verrückten alten Tante spricht, obwohl die doch jeder in der Familie kennt. Was wäre wohl gewesen, wenn 1770 nicht die Engländer, sondern schon zwei Jahrhunderte zuvor die bis vor Australiens Küste gereisten Portugiesen oder gar die Spanier den Kontinent für sich beansprucht hätten? Den Aborigines wäre es wahrscheinlich nicht besser ergangen, und wie die Briten hätten sich wohl auch die Seefahrer von der iberischen Halbinsel in diesem wüsten Kontinent an ihrem Lebensstil und an den Küsten fest-

geklammert. Allerdings mit dem großen Unterschied, daß ihre Art zu leben viel besser nach Australien gepaßt hätte als die britische.

Wäre Australien von Südeuropäern besiedelt worden, gäbe es hier vielleicht eine Siesta, vielleicht wäre die Küche von Anfang an mediterraner und leichter gewesen. Vielleicht aber auch wäre Sydney heute eine Stadt, deren kulinarische Bedeutung einem Buenos Aires entspricht – einer Stadt, die vor allem für ihre Berge von Steaks berühmt ist.

Es ist anders gekommen, und inzwischen spricht man in der gastronomischen Welt immer mehr vom Olympialand 2000. Manche sehen in Australiens neuer Art zu kochen bereits ein Modell für die Küche der Zukunft: ein sensibles Kombinieren der besten Zutaten und Zubereitungen, die wohldurchdacht aus dem World Wide Web der Kochkünste herausgefiltert wurden. Andere möchten dafür noch nicht einmal den Begriff Küche verwenden – weil ihnen die Tradition fehlt, weil hier nicht wie üblich Hausfrauen über Jahrhunderte Rezepte mit den Produkten des Landes entwickelt haben. Was aber, wenn gerade dieses Fehlen von Tradition ein Merkmal der Zukunftsküche ist?

Australiens früher kulinarischer Entwicklung hätte solch ein Fehlen aber nur gutgetan. Die englische Art zu Kochen war von den ersten Siedlern ohne jede Veränderung in dieses Land verpflanzt worden, und bis Mitte dieses Jahrhunderts blieb es bei dieser besonders häß-

lichen Karikatur der berüchtigten Inselküche. Erst als sich Australien nach dem Zweiten Weltkrieg der Welt öffnete, änderte sich das. Italiener, Griechen, Orientalen und Einwanderer aus Mitteleuropa kamen nach »down under«. Vor allem die Menschen aus dem Mittelmeerraum begannen bald damit, die Zutaten für ihre Küche im Land anzubauen oder aus ihrer Heimat zu importieren. Und sie schufen in ihren Stadtvierteln ein Netz von Läden und Lokalen, in dem sie sich wie zu Hause fühlen konnten. Auf dem Land aber waren die vom Goldfieber im 19. Jahrhundert übriggebliebenen Chinesen mit ihren oft erschreckend schlechten Restaurants nach wie vor das einzig Exotische.

»Die letzten 20 Jahre.« Das ist der magische Begriff, den wir hier immer wieder im Gespräch mit Köchen, Händlern oder Feinschmeckern hören. Die letzten 20 Jahre, das war die Zeit, in der Australiens Küche erwachsen wurde. Nachdem man hier über Generationen von gutem Essen wenig wissen wollte, war damals in den siebziger Jahren die Zeit zum Genießen gekommen. Die Zutaten dazu waren da, auch die Weine; die Lokale der Einwanderer waren da und eine ganz eigene, vom australischen Klima geprägte Atmosphäre der Entspanntheit; und die inzwischen reiselustigen Australier hatten Hunger auf Neues und Fremdes im eigenen Land. Erst einmal wollte man französisch essen und Frankreichs Haute Cuisine hat bis heute einen starken Einfluß auf die neue australische Küche. Immer heftiger wurde auch die Affäre mit der mediterranen Lebensart, die den Cappuccino zum Nationalgetränk machte.

In den achtziger Jahren wurde Asien für Australien und seine Küche interessant. China und Vietnam, vor allem aber Thailand und Japan faszinierten die Köche des Kontinents. Und diese fühlten sich nun sicher genug, um die Zutaten und Zubereitungen dieser ihnen so naheliegenden Länder mit den Produkten und Kochstilen der alten Welt zu kombinieren. Dann geschahen die ersten, kleinen Wunder und plötzlich ging alles ganz schnell. Essen und Ausgehen wurden zum gefeierten Nationalsport in Australien. Seine Helden waren oft Amateure, die sich selbst trainiert hatten und sich um keine Stilregeln scherten – Hauptsache, was man machte war neu, erfolgreich und gut. Aber auch Profis wurden mitgerissen:
»In meinen ersten vier Jahren in Melbourne habe ich alles Asiatische ignoriert und im alten Stil weitergekocht«, erinnert sich der französische Küchenmeister Jacques Reymond an seine Anfangszeit in Australien, »Dann kam ich für zwei Wochen zurück nach Frankreich, sah, daß sich dort überhaupt nichts in der Küche geändert hatte, und plötzlich kam mir das alles nur noch schwer und fett vor. Zurück in Australien, änderte sich mein Stil in kurzer Zeit dramatisch. Und ich habe nie mehr zurückgeblickt.«

Was in Europa Jahrhunderte gedauert hatte, scheint sich in Australien nun in wenigen Jahrzehnten abzuspielen: das Entstehen einer Küche. Der Weg in der Alten Welt für ein neues Gericht führte von unten nach oben, von Generation zu Generation, bis das Rezept genug Tradition besaß, um in die Grundkochbücher aufgenommen

zu werden. In Australien geht der Prozeß in die Breite: Eine neue Zutat, ein neuer Trend wird von den aus aller Welt stammenden Köchen aufgenommen, verglichen, ausprobiert, kombiniert, so wie eine Suchmaschine das Internet nach den besten Ergebnissen zu einem bestimmten Stichwort absucht. Am Ende steht eine Reihe von neuen Gerichten zu diesem Thema, von denen manche recht ähnlich sind, manche auch ein bißchen kurios, viele verblüffend gut. Und wenn alles durchprobiert ist, geht die Suche auf einer anderen Ebene von Neuem los.

Erstaunlich ist dabei, wie selten Australiens Köche in dieser Versuchsküche fürs neue Jahrtausend daneben greifen. Viele haben einfach das Gefühl für die richtigen Mischungen im Blut, und wissen genau, was sie mit welcher Zutat anstellen müssen, damit diese einem Gericht das gewisse Etwas gibt.

Erinnerst Du dich noch daran, Matilda, als wir auf Deiner ersten Europatour mit diesem Typen vom deutschen Fernsehen am Wirtshaustisch saßen, der Australiens neue Küche einen »elitären, einfallslosen Einwanderermischmasch« nannte, während er einen Cappuccino mit Sahne nach dem Schweinsbraten nahm? Wäre es so wie er sagte, dann hätten Frankreich, Japan und Thailand den neuen australischen Kochstil kaum so stark prägen können, denn die Einwanderer aus diesen Ländern spielen hier nur ein kleine Rolle. Den Kerl hätte ich gerne dabei gehabt, als wir in Sydney mit der Starköchin Christine Manfield auf Einkaufstour waren. Sie wußte vor dem Regal mit den elf verschiedenen Sojasaucen

was sie wollte, und sie wußte es im Käseraum mit den Prachtstücken aus Tasmanien und der Normandie. Ob da ein klassisch ausgebildeter Koch in Europa mithalten kann?

Ich weiß, was Du jetzt denkst, Matilda. Alles schön und gut, aber Deine Mutter oben in Queensland macht trotzdem am Feiertag am liebsten ihren Roasted Dinner, den mit Kartoffeln und Gemüse gegarten Rinderbraten, und Papa schmeißt samstags immer noch lieber Steaks statt Prawns auf den Grill. Wußtest Du aber, daß inzwischen fast drei Viertel aller Haushalte in Australien einen Wok benutzen und Sojasauce im Schrank stehen haben? Deine Eltern auch? Na siehst Du. Es ist ein bißchen wie mit dem Pfirsich Melba. Den hat der große Auguste Escoffier damals in Paris für Eure Sängerin Nelly Melba erfunden, und heute gibt es ihn in jeder deutschen Eisdiele.

Zu elitär? Dann nimm Schokolade: Im Grunde ist sie südamerikanisches Bushfood, Gewürz und Medizin. Aber dann bekamen die Spanier und später die Schweizer sie in die Hände, und die Alpenmilchschokolade entstand, Fusionsküche pur. Oder nimm die Kartoffeln: Die waren mal Exoten aus Südamerika, die in Europa erst nur in Klostergärten und in Ziergärten der Adelshöfe (elitär!) angebaut wurden. Heute aber sind sie typisch deutsch; und das gegrillte Thunfischsteak mit dem Püree aus Kartoffeln, Olivenöl und Knoblauch ist schon fast wieder ein australischer Klassiker.
Womit wir bei der letzten Frage wären: Gibt es eine

australische Küche? Manche finden schon die Frage un-
sinnig, weil es ja auch keine eindeutig europäische oder
asiatische Küche gibt. Aber dieser Vergleich ist schief,
denn das besiedelte Australien ist noch jung und entwickelte sich anders als die alte Welt parallel von einem
Punkt aus in die Breite. Hat es aber nun eine eigene
Küche? Nein, wenn eine Landesküche über Jahrhunderte
aus den Regionen eines Landes gewachsen sein muß. Ja,
wenn eine Küche im modernen Sinne eher das Ergebnis
ihrer Umgebung ist. Die ist in Australien ziemlich bunt
und beweglich. Einigen wir uns also darauf, daß sich
gerade eine australische Küche kräftig entwickelt?

Einen australischen Kochstil gibt es auf jeden Fall
schon. Der ist so schlicht, erfrischend und unkompliziert
wie die Leute hier. Wenige, erstklassige Zutaten werden
ohne großen Aufwand so zubereitet, daß am Ende alles
stimmt. Thunfisch, Ingwer und Limette sind so eine
typische Kombination, aus der hier oft Großes entsteht.
Oder Lamm, Paprika und Soja. Oder Passionsfrucht, Va-
nille und Sahne. Genug Substanz also, damit es irgend-
wann sogar zu einem australischen Nationalgericht kommen kann. Andererseits: Was ist eigentlich das heutige
deutsche Nationalgericht? (Sag jetzt bitte nicht Pizza.)

So, Johnno kommt, und er balanciert zwei Kartons mit
Fish'n' Chips in der einen Hand und zwei Flaschen
Coopers Ale vom Bottle Shop in der anderen. Er hat
wohl entschieden, daß wir eine kleine Pause brauchen.
Ich habe Dir noch ein paar Bilder und Geschichten von
unserer Tour durch Deine Heimat dazugelegt. Manches

ist ein bißchen epischer, andere Sachen sind eher Mo-
mentaufnahmen. Und das paßt ja zu diesem Land, das
zugleich in sich ruht und auf dem Sprung ist.

Die Rezepte sind auf ganz unterschiedliche Art zusam-
mengekommen. Auf einige Sachen sind wir immer wieder
gestoßen und haben sie deswegen aufgenommen. Auf
die hier so beliebte Aufreihung der Kreationen von Profi-
köchen habe ich fast ganz verzichtet, weil Australiens
heutige Küche viel mehr ausmacht als nur das. Interes-
santer waren die Rezepte, die uns auf unserer Reise
spontan am Wegesrand angeboten wurden – von australischen Hausfrauen und Einwanderern aus Vietnam, vom
Mann hinter der Imbißtheke und vom Nachbarn am
Lagerfeuer, von der nach Caffè latte verrückten Kollegin
in Sydney und von der Aborigine im Red Centre. Und ein
paar Gerichte entstanden sogar ganz nebenbei, inspiriert
von den tollen Zutaten Deines Landes und belebt durch
seine Vitalität. Mal sehen, wie's Dir schmeckt.

Mach's gut, Waltzing Matilda, bis bald in Deinem Land,
und schöne Grüße auch von Michael

**See You
Sebastian**

»Waltzing Matilda« ist der Titel der geheimen Nationalhymne Australiens,
deren Held ein durchs Land ziehender Outlaw ist. Der Name selbst steht
für die Decke, in der sich der »swagman« zum Schlafen einhüllte und seine
Sachen aufbewahrte, so wie einst die deutschen Handwerksbursche auf
der Walz.

city of oz

australien modern

City of Oz

Australien auf den ersten Blick, das ist rote Wüste und Einsamkeit soweit das Flugzeugfenster reicht. Doch spätestens wenn das Fahrwerk zur Landung ausgeklappt wird, sieht die Welt »down under« ganz anders aus. Plötzlich gibt es nur noch Häuser, Häuser, Häuser, eingerahmt vom blitzenden Blau des Pazifiks. Und dann geht es hinunter in die City of Oz, hinein in eines der Zentren des Kontinents, die kurioserweise alle an dessen Rand liegen.

Aber auch das verblüfft nur auf den ersten Blick. Denn so sehr das Red Centre und die Regenwälder ihre Besucher faszinieren, so abweisend sind sie für jene, die dort für länger leben wollen. An der Küste ist das Klima erträglicher und das Land fruchtbarer, vor allem in der Südhälfte des Kontinents. Nur ein gutes Zehntel der Australier leben heute noch »in the bush«, wie sie in den Städten zum gesamten Landesinneren sagen. Der Rest sind Städter, wobei sich mehr als die Hälfte des Volks auf Sydney, Melbourne, Brisbane, Perth und Adelaide verteilt.

In diesen Metropolen lebt, kocht und ißt das moderne Australien. Und hier ist seine neue Küche entstanden, die inzwischen die Lücke auszufüllen beginnt, in der anderswo die Landes- und Regionalküchen ihren Platz haben. Draußen in der Welt jedenfalls gilt die Mod Oz Cuisine der australischen Städte bereits als die Küche des ganzen Kontinents. Und die ist zwischen Brisbane und Perth weit einheitlicher als es die

französische Küche zwischen Paris und Marseille je sein wird. Denn alle großen Städte liegen am Meer, in allen mischt sich britische Kolonialtradition kräftig mit Einflüssen der Einwanderer aus dem Mittelmeerraum und Asien. Dazu kommt ein ordentlicher Schuß Großstadtgefühl nach amerikanischer Art.

Und der wahre Cityhead ist dabei im Straßencafe mit dem herrlichen Cappuccino oder im In-Restaurant mit den smart abgeschmeckten Entrees mehr zu Hause als in der eigenen Küche. Daher sind es derzeit noch eher die Kochprofis als die Hausfrauen, die Australiens Küche mit Leben füllen. Den Applaus dafür bekommen sie von einem stets nach Neuem hungernden Publikum, dessen liebstes Hobby »Ausgehen« heißt. Dazu gehören auch die Medien, die alle Entwicklungen der neuen kulinarischen Szene Australiens genau verfolgen wie Sportreporter die olympischen Spiele. Dem klassischen Feuilleton haben die vielen Food-Seiten und -magazine jedenfalls schon längst die Schau gestohlen.

Zu Recht offenbar, denn nur die Kochkunst des fünften Kontinents hat genug Kraft und Attraktivität, um die Welt auf Kultur in »down under« aufmerksam zu machen. Wobei der typische Outback-Aussie mit dem Meat Pie in der Hand extrem unerwünscht ist. Wenn es stimmt, daß Mode und Lifestyle die heutige Kultur stärker bewegen als traditionelle Kunst, wenn es stimmt, daß New York und London die beiden Zentren dieser neuen Kultur sind – dann stimmt es auch, daß

Sydney auf dem besten Wege ist die Nummer 3 an der Spitze zu werden. Zumindest wenn es ums Essen geht.

Wer sich einen Express-Eindruck von der neuen Food-Szene des Landes machen will, ist in seiner größter, und aktivster Stadt richtig. In Sydney sind all die Lokale mit den großen Namen versammelt, die man in den hier erscheinenden Gourmet- und Lifestyle-magazinen immer wieder entdeckt. Mit gutem Grund: Köche wie Neil Perry (Rockpool), Tetsuya Wakuda (Tetsuya's), Tony Bilson (Ampersand) und Christine Manfield (Paramount) haben die in Sydney vorange-triebene Fusion der großen Küchen Asiens und Europas auf einem so hohen Niveau perfektioniert, daß sie sich vom Modebetrieb rund ums Essen und Trinken immer mehr abkoppeln können, wenn sie ihn nicht sogar selbst bestimmen.

Die Cafe-Szene der Stadt ist aber immer noch »very sydney«, was heißt, daß Style und Glamour hier fast alles ist und die Gäste stets bei Laune gehalten werden wollen – sonst sitzen sie am nächsten Tag woanders. Wer da noch Seafood Spaghetti serviert, wenn an den Tischen schon von Linguine mit Tuna geraunt wird, der muß Selbstbewußtsein und einen guten Koch haben. Ist das so, dann wird auch das in Sydney geschätzt – als Atempause bei der Jagd nach dem aufregendsten Night-out.

Wie beweglich die Food-Szene in Australien ist, zeigt der Aufstieg Sydneys zur kulinarischen Hauptstadt.

Vor gut zwanzig Jahren war es noch Melbourne, das für Australien den Genuß des Essens entdeckte. Gourmets und Bohemiens traten hier erstmals auf und führten die Melbournians weg vom Küchentisch in die Tavernen und Trattorien der Stadt. Dann eröffnete Stephanie Alexander ihr Lokal »Stephanie's«, das fast zwei Jahrzehnte lang ein Vorbild für die anspruch-vollsten Restaurants Australiens war. Und bis heute legt man in der etwas zurückgezogen im Süden gele-genen Stadt Wert auf europäisches Erbe und Stilge-fühl. Doch damit verlor Melbournes Küche auch über die Jahre an Frische, Witz und guten Köchen, wäh-rend die lebensfrohe Rivalin an der Ostküste munter experimentierte und neue Maßstäbe setzte. Heute ge-hören der kulinarische Thrill samt Trommelwirbel fast alleine Sydney, was der Jahrtausendwechsel noch ver-stärkt.

Doch was kommt dann? Sydneys größte Sonntagszei-tung jedenfalls hat Melbourne bereits zur neuen alten Food-Metropole Nr.1 erklärt – weil man dort besser Lebensmittel einkaufen kann, besser bedient wird und für sein Geld besser essen kann. Und Stephanie Alexander hat inzwischen ihr Restaurant durch ein Gourmet-Cafe ersetzt, das wiederum stilprägend ist. Und sie hat das Standard-Kochbuch für jeden kulina-risch interessierten Haushalt Australiens verfaßt, das lange ganz oben auf der Bestsellerliste stand. Womit dieser Punkt im Wettbewerb »Welche Stadt macht unsere Küche?« wieder klar an Melbourne geht. And the winner is ...?

australian bruschetta

röstbrot mit roten zwiebeln, ingwer und koriander

city of oz

Kleine italienische Oper mit asiatischen Solo, lässig präsentiert im Straßencafé – genau der richtige Einstieg für den Metropolentag »Made in Australia«.

Für 12 Scheiben Bruschetta:
5 rote Zwiebeln
100 ml Olivenöl
50 g Butter
1 Bund Koriandergrün
1 Stück frischer Ingwer
1 Knoblauchzehe
12 kleine Scheiben italienisches Weißbrot

1 Die Zwiebeln schälen und in Würfel schneiden – etwa so groß wie die Tomaten für die klassische Bruschetta. Öl und Butter in einem Topf sanft erhitzen und die Zwiebeln darin in einer guten Stunde langsam und zart weichschmoren.

2 Den Koriander waschen und trockenschütteln, die Blättchen abzupfen und hacken. Ingwer und Knoblauch schälen, Knoblauch halbieren. Dann die abgekühlten Zwiebeln mit dem Koriander vermischen.

3 Die Brote unterm Grill auf beiden Seiten knusprig rösten. (Wie in England gehört in Australiens Küchen zum ordentlichen Herd ein Grill für den Morgentoast – der Toaster ist kein echter Ersatz dafür.)

4 Die Röstbrote auf einer Seite mit Knoblauch einreiben und mit Zwiebelöl bestreichen. Darauf das Zwiebelragout verteilen und den Ingwer hauchdünn darüberhobeln. Das Ragout hält sich eine gute Woche im Kühlschrank.

Getränkeempfehlung: roter Shiraz-Sekt (etwa von Seppelt aus Victoria) oder »Saketini« (3 cl eisgekühlten Sake mit 1 cl trockenem Vermouth eiskalt mixen und mit 1 Stück Limettenschale servieren).

char-grilled salad with goats cheese

gegrillter gemüsesalat mit ziegenkäse

Nationalgericht? Gibt's nicht. Typisch für die australische Küche ist eher das Zusammenspiel von ganz bestimmten Zutaten in immer wieder neuen Variationen. Das Trio Aubergine, Pesto und Ziegenkäse ist so ein moderner Klassiker – hier findet es im Salat zusammen.

Macadamia-Pesto:
1 Bund Basilikum
1 Knoblauchzehe
50 g Pecorino oder Parmesan
80 g Macadamianüsse
etwa 100 ml Olivenöl
Salz, Pfeffer

Außerdem:
4 Mini-Auberginen oder 1 große
Aubergine
100 g Patissonkürbisse (Squash)
1 Bund Lauchzwiebeln
1-2 Handvoll Salatblätter (z. B.
Rukola, Brunnenkresse, Spinat,
Rote-Bete- und Basilikumblätter)
etwas Olivenöl
etwa 1/2 Limette
4 EL Öl von eingelegten
getrockneten Tomaten
50 g getrocknete Tomaten in Stücken
4 kleine Laibe oder dicke Scheiben
Ziegenfrischkäse

1 Das Basilikum waschen, trockenschütteln und die Blätter abzupfen. Den Knoblauch schälen und hacken, Pecorino und Nüsse ebenso hacken. Alles im Mixer mit dem Öl langsam zur Paste pürieren. Das Pesto mit Salz und Pfeffer abschmecken.

2 Die Auberginen waschen, putzen und in Stücke teilen, kleinere Früchte können auch ganz bleiben. Wer mag, kann sie salzen und 30 Minuten im Sieb abtropfen lassen, um mögliche Bitterstoffe zu entziehen. Wer Aubergine pur will, läßt es. Patissons waschen, putzen, entkernen und falls nötig teilen. Lauchzwiebeln putzen, waschen und das Grün entfernen. Den Salat putzen, waschen und trockentupfen.

3 Den Grill oder eine Grillpfanne anheizen. Das Gemüse mit Olivenöl bestreichen und gar grillen – die Auberginen und Patissons in 8-10 Minuten, die Lauchzwiebeln in 2-3 Minuten. Die Limette auspressen und den Saft mit Tomatenöl sowie zwei Eßlöffeln Pesto verrühren. Die warmen Gemüse damit vermischen und abkühlen lassen.

4 Das Grillgemüse locker mit dem Salat vermischen und mit etwas Limettensaft, Salz und Pfeffer nachschmecken. Dies großzügig um den Ziegenkäse auf vier Tellern verteilen und mit dem Pesto vollenden.

Getränkeempfehlung: am besten nur frisches Wasser, sonst einen Woodened Chardonnay.

pasta, tuna and prosciutto
nudeln mit thunfisch und parmaschinken

In der Liebe zum Thunfisch sind sich Pazifik- und Mittel-meerköche einig, und Australiens Yellowfin Tuna wird selbst in Japan geschätzt. Rare bis medium gegart, ist er eine Deli-katesse – durchgebraten ist auch er höchstens Dosenfutter.

400 g frisches, gut 2 cm dickes
Thunfischfilet
(am besten Yellowfin Tuna)
1-2 Bund glatte Petersilie
50 g Parmesankäse am Stück
etwa 10 hauchdünne Scheiben
Parmaschinken oder anderer
milder, luftgetrockneter
Schinken
frisch gemahlener schwarzer Pfeffer
250 g Kirschtomaten
1 Knoblauchzehe
Salz
400 g Linguine (dünne Bandnudeln)

1 Den Thunfisch in 2 cm große Würfel schneiden und pfeffern. Die Petersilie waschen, trockenschütteln und die Blätter abzup-fen. Den Parmesan in Scheibchen hobeln. Den Schinken längs in 2 cm breite Streifen schneiden.

2 Auf je einen Fischwürfel ein Blatt Petersilie und ein Scheib-chen Parmesan geben, dies mit Schinken umwickeln. Die übrige Petersilie hacken. Die Kirschtomaten waschen, trockentupfen, vierteln und mit Petersilie mischen.

3 Den Elektro-Ofen auf 250°C vorheizen (Umluft 220°C, Gas Stufe 5). Den Knoblauch halbieren und damit eine Auflaufform kräftig ausreiben. Tomaten salzen und pfeffern, in die Form ge-ben und die Fischwürfel daraufsetzen.

4 Die Linguine in Salzwasser al dente kochen. Die Form für 3-4 Minuten auf die oberste Ofenschiene schieben; der Fisch sollte innen noch glasig sein. Linguine abgießen, mit Tomaten mischen und mit dem Thunfisch servieren.

Getränkeempfehlung: gereifter Sémillon, junger Merlot.

stir-fried noodles with chicken

nudeln aus dem wok mit honig-soja-hähnchen

Das Stir Fry mit »noodles« gehört auf dem fünften Kontinent genauso zum Rezeptrepertoire wie die »pasta asciuta«. Hier kommt es mit einem Hähnchen aus dem Wok.

1 Knoblauchzehe
4 EL Honig
100 ml Sojasauce
2 EL süße asiatische Chili-Sauce
1 EL Sesamsamen
4 Hähnchenkeulen
200 g Kürbisfleisch (von etwa 400 g Kürbis)
2 nicht zu große Paksoi (Chinesisches Blattgemüse, siehe Seite 87)
400 g getrocknete chinesische Eiernudeln oder Hokkien-Nudeln, nicht zu fein, erhältlich in Asia-Geschäften
2 EL Öl
5 EL Hühnerbrühe

1 Die Knoblauchzehe schälen, fein hacken und mit 3 Eßlöffeln Honig, 4 Eßlöffeln Sojasauce, Chili-Sauce und Sesam verrühren. Die Hähnchenkeulen im Gelenk teilen und das Fleisch einschneiden. Mit der Honig-Soja-Sauce vermischen und über Nacht marinieren.

2 Die Marinade abstreifen und beiseite stellen. Das Hähnchenfleisch vom Knochen lösen und in Stücke teilen. Den Paksoi waschen, trockentupfen und putzen, die Stauden in Blätter zerteilen. Die Nudeln je nach Packungsaufschrift bißfest garen.

3 Das Öl im Wok stark erhitzen, das Fleisch darin unter ständigem Rühren knapp 1 Minute braten, dann herausnehmen. Den Kürbis ebenso 2-3 Minuten braten, dann den Paksoi mitbraten, bis er zusammenfällt.

4 Einen Eßlöffel der Marinade mit übriger Sojasauce und der Brühe verrühren. Dies samt Nudeln und Fleisch zum Gemüse geben und 2 Minuten unter Rühren garen und stilecht servieren.

Weinempfehlung: Woodened Chardonnay oder ein junger Pinot Noir.

Christine Manfield – Schamanin in Schnürstiefeln

Die Hohepriesterin trägt schwarz, vom Seidenhemd bis zum Schnürstiefel. Ihr streng zurückgescheiteltes Haar strahlt blendend blond, und um ihre Augen schließt sich eine pazifikblaue Sonnenbrille, die nicht nur das UV-Licht auf Distanz hält. Eine Frau, die Respekt verdient. Wenn da nicht dieser extrem fischige Geruch wäre, den die faltigen, dreckigbraunen Klumpen in ihrer Hand ausströmen. »Getrocknete Jakobsmuscheln« – raunt sie – »verflucht teuer, aber großartig im Ansatz für einen kräftigen Fond.« Und der chinesische Apotheker nickt lächelnd dazu. Christine Manfield, Sydneys extravaganteste Köchin, ist auf Einkaufstour in Chinatown.

Der Food-Kritiker Terry Durack nennt sie »die Hohepriesterin der modernen Küche Sydneys«. Ihr Tempel heißt Paramount und liegt in Potts Point, dem Wendepunkt zwischen den roheren und eleganten Hafenvierteln Sydneys. Der Name des Lokals steht für Glamour und das starke Selbstbewußtsein der Chefin: »Es sollte von Anfang an klar sein: Wir sind top. Die Spitze.« Daran ist seit der Eröffnung 1993 kein Zweifel, zuletzt festigte die Veröffentlichung des dritten Manfield-Kochbuchs »Spice« den einzigartigen Ruf dieser Köchin.

Als fast übersinnlich gilt Manfields Gespür dafür, welche Zutaten, Aromen und Texturen sich in einem Gericht ideal ergänzen. Mit diesem Wissen wagt sie sich immer weiter in die unbekannteren Gebiete der Fusionsküche vor. Und weiß dabei genau, wo die Grenze zum Affektierten, Lächerlichen beginnt. Wer ins Paramount geht, kann Sydneys Küche in ihrer konzentriertesten Form kennenlernen. Süßkartoffelknödel, gefüllt mit Jakobsmuscheln, Schweinefleisch und Wasserkastanien? Thunfischtatar mit Seetang-Omelette und Rogen von fliegenden Fischen? Klingt riskant, doch hier werden daraus Delikatessen, denen ein Stammplatz im Geschmacksgedächtnis sicher ist. Abend für Abend, sieben Tage in der Woche.

Jetzt aber ist Vormittag, und Christine Manfield ist im chinesischen Viertel auf der Suche nach den exotischen Geheimnissen, die keiner ihrer Lieferanten im Sortiment hat. Ihr Revier ist der schäbigere Rand des ansonsten zur Ödnis sanierten Quartiers. Hier herrscht noch ein wenig von der Atmosphäre asiatischer Freßviertel, hier gibt es noch richtige Schweinemetzger und chinesische Apotheken, die Wurzeln, Blätter oder solch getrocknetes Kleingetier wie Jakobsmuscheln in Gläsern konservieren. »Auch nach Jahren entdecke ich da noch Unbekanntes, zum Experimentieren«. Ob's gesund ist, kümmert sie nicht, ihr geht es nur um die einzigartige Kombination von Aromen, die ein Gericht perfekt machen. Aber auch das hat etwas von Schamanentum.

Nur ein paar Schritte weiter wird es dann wieder richtig erdig. In Pontips Thai-Shop reichen die mit Tüten und Dosen vollgestopften Regale bis zur Decke, aus dem Eingang quellen Kisten voller Gemüse und Obst. Ein Bündel Betelblätter und ein paar Stauden Paksoi werden unter den Arm geklemmt, da winkt schon die fröhliche Chefin Pontip ihrer ungewöhnlichsten Kundin zu:

»Hello, long not seen, how are you«? Besuch aus Deutschland? »Wunderbar, I love sauerkraut. But now try this!« Neben der Theke steht ein Teller mit in Bananenblätter eingehülltem Klebreis, der gerade auf dem Grill aufgewärmt wurde. Und schon läuft ein Gespräch an über die Aromen Asiens, Deutschlands und Sydneys, am Ende läßt sich Christine Manfield von Pontip fürs Foto in den Arm nehmen und legt sogar die Brille zur Seite. Wenn Foodies sich verstehen, spielt Distanz keine Rolle mehr.

Ein Motto, das auch fürs Paramount gilt, unser nächstes Ziel. Statt Weihestimmung herrscht in dem kleinen Gastraum die intime Atmosphäre eines eleganten Großstadtbistros, das einer stilbewußten Gästefamilie das zweite Zuhause ist. Der Raum mit den hellen Charles-Eames-Stühlen und der geschwungenen fluoriszierenden Theke ist eine stolz und vital geführte Kleinbühne für die Manfield-Kreationen – wohltuend zeitlos in der eiligen Restaurantszene Sydneys. Christines Partnerin Margie Harris sorgt dafür, daß zur Avantgarde noch eine ordentliche Portion Charme und Herzlichkeit dazu kommt. Auch das ist rar in dieser Stadt.

Nicht viel größer als in einer Dreizimmerwohnung ist die Küche am Ende des Lokals. Fünf »chefs«, wie Restaurantköche in Australien genannt werden, drängen sich hier, um ihre Kunst auszuleben. Anders als bei der in der klassischen Küche üblichen Postenverteilung wechseln sie regelmäßig ihre Postionen, wobei auch der Fleischkoch sich alleine um Gemüse und Sauce auf seinen Tellern kümmern muß. So kommt das Zusammenspiel der Zutaten für jedes Gericht aus einer Hand und wird zugleich von jedem anderen Koch beherrscht.

Das System funktioniert – und wäre in der europäischen Spitzenküche so undenkbar wie eine Frau als Küchenchefin, die mit 19 Jahren zum ersten Mal zu kochen begann. In Australien aber ist eine Karriere wie die der Manfield nicht ungewöhnlich. Frauen sind hier eine Macht in der Gastronomie, und gelernte Köche in der ersten Generation der Mod Oz Cuisine eher die Ausnahme. Stephanie Alexander in Melbourne, Maggie Beer im Barossa Valley, Gay Bilson in Sydney – sie alle kamen spät zum Kochen und zählen zu den einflußreichsten Persönlichkeiten der Food-Szene. Warum ist das so? »Falsche Frage«, kommt sofort die Antwort, »es muß heißen: Warum ist das bei euch in Europa nicht so? Frauen in Profiküchen sind hier kein Thema, weil das ganz normal ist. So, this is Australia.« Punkt.

Zeit für einen Ortswechsel. Wir fahren zu Simon Johnson's Laden im Stadtteil Woollahra, eine Delikatessen-Boutique in exquisiter Lage, neben deren Eingang die ersten Äpfel des australischen Herbstes eingerahmt sind. »Kaffee?« wird die beste Kundin gefragt. Gerne. Und was trinkt die Hohepriesterin der modernen Küche Sydneys an einem Platz, der die Cappuccino-Kultur dieser Stadt auf die Spitze treibt? »A flat white, please.« Die klassische Tasse Kaffee mit dem Schuß schaumloser Milch, wie sie der Sydneysider unter 30 kaum noch kennt. So, this is a real australian girl.

christine´s spiced duck

christines würzente mit spinat

»Spice« ist die Basis der Paramount-Küche von Christine Manfield, und die Ente ist eins ihrer besten Stücke. Dieses Gericht hat sie exklusiv für unser Buch entwickelt – und das es weit mehr als nur ein Salat ist, merkt man spätestens bei der Zubereitung. Wirklich kein Fünf-Minuten-Gericht. Aber ...

1 küchenfertige Ente (etwa 2 kg)
1 Portion Christine´s Würzpaste
3-4 frische Bananenblätter
aus dem Asia-Shop
(ansonsten feste Kohlblätter)
gut 50 g junge Spinatblätter
6 Lauchzwiebeln
2 kleine rote Chilischoten
80 g frische Sojabohnensprossen
2 EL gehacktes Thai-Basilikum
12 hauchdünn gehobelte Scheibchen
von frischem Ingwer
1/2 l Entenfond (oder 1 l Geflügel-
fond aus dem Glas, auf 1/2 l einge-
kocht)
100 ml Pflanzenöl

Christines spezielle Würzpaste
siehe Seite 26

1 Den Elektro-Ofen auf 200°C vorheizen (Umluft 180°C, Gas Stufe 3). Einen Topf Wasser auf den Boden stellen. Die Ente innen und außen mit der Hälfte der Würzpaste einreiben, in Bananenblätter wickeln und verschnüren. Auf ein Blech setzen, mit Alufolie bedecken und eine Stunde garen. Die Ente auspacken, etwas abkühlen lassen, Brust- und Keulenfleisch von den Knochen lösen und ganz auskühlen lassen.

2 Inzwischen Spinat und Lauchzwiebeln gründlich waschen und putzen. Die Lauchzwiebeln in feine Ringe schneiden. Chilischoten putzen und hacken, Sprossen abspülen und abtropfen lassen. Mit dem Basilikum und Ingwer in einer Schüssel vermengen.

3 Die übrige Würzpaste mit Fond und Öl aufkochen und das Entenfleisch darin sanft erwärmen. Das Fleisch in dünne Scheiben schneiden und zu den Salatzutaten geben. Den Spinat kurz in der Würzsauce schwenken und dann beides mit dem Salat vermischen. Den Salat zu einem möglichst alles überragenden Turm anrichten – »Paramount« eben.

Getränkeempfehlung: Pinot Noir, etwa aus dem Yarra Valley.

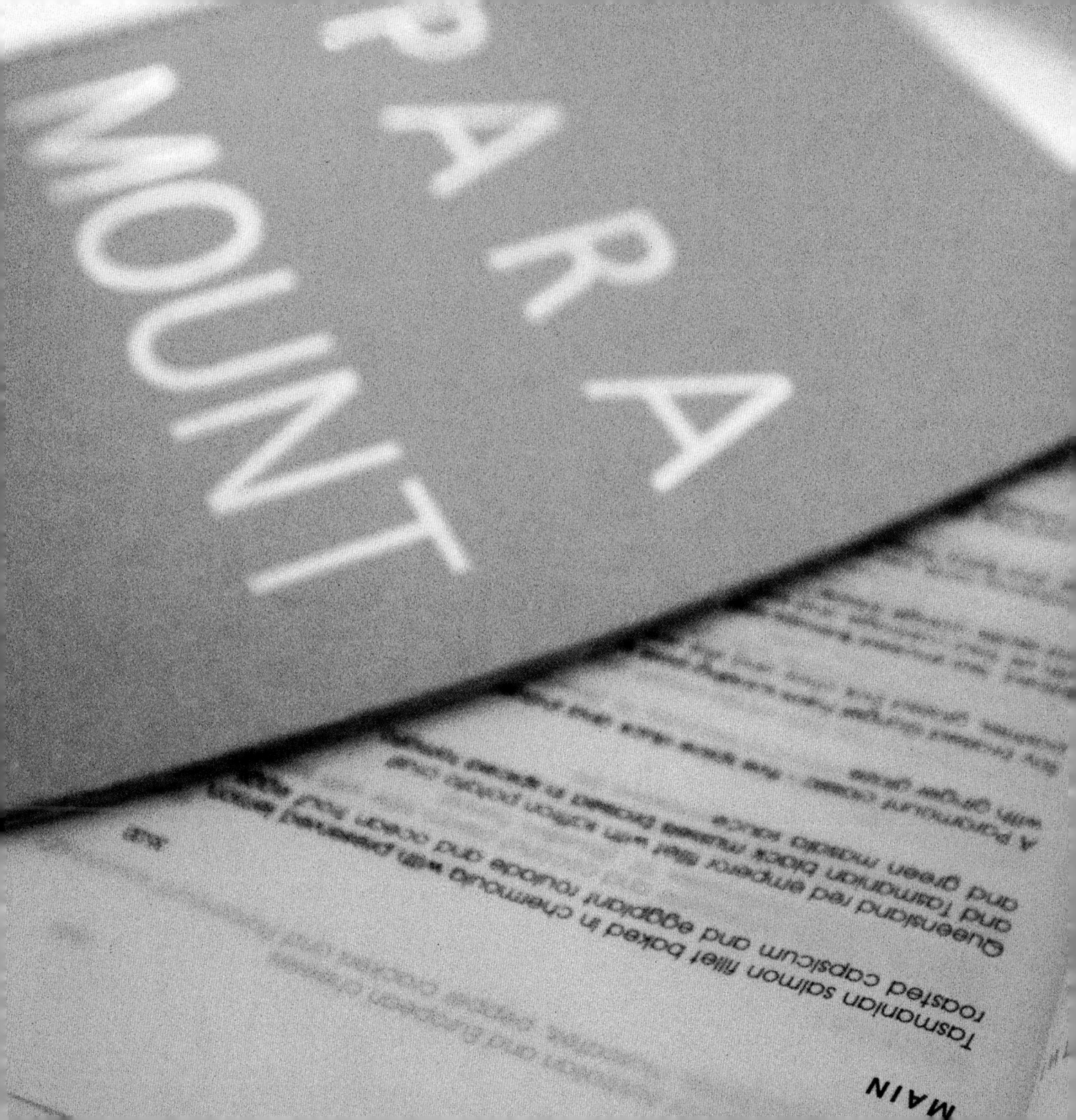

PARAMOUNT

MAIN

Tasmanian salmon fillet baked in chermoula with roasted capsicum and eggplan taouce
Queensland red emperor fillet with Tasmanian black mussel
A pomegranate cipes te and green

spicy special

christines spezielle würzpaste

In Christine Manfields Restaurant ist diese Paste eine Basis-Würze, die zum Beispiel einer im Bananenblatt gedämpften Ente Power gibt. Ein Prachtexemplar der neuen australischen Küche, das ihre Vielseitigkeit zeigt – und kaum eine andere Wahl läßt, als zum Nachkochen nach »down under« zu reisen.

2 Kardamomkapseln
(oder 1/2 TL gemahlen)
3 TL Koriandersamen
(oder 2 TL gemahlen)
3 TL Kreuzkümmelsamen
(oder 2 TL gemahlen)
20 g thailändische Shrimps-Paste
6 Schalotten
5 Knoblauchzehen
1 Stück frischer Ingwer (2 cm)
1 Stück frischer Galgant (4 cm),
siehe Seite 88
1 Stück frische Kurkumawurzel
(4 cm), ersatzweise Pulver
1 ganzer Halm Zitronengras
6 kleine rote Chilischoten
1 Zimtstange
3 geröstete Candlenuts oder
1 Handvoll Macadamia-Nüsse,
siehe Seite 87
1/4 TL frisch gemahlene Muskatnuß
1 TL gemahlener Kurkuma
1/2 TL weißer Pfeffer, frisch
gemahlen
80 ml Tamarindenflüssigkeit,
siehe Seite 88
3 EL frischgepreßter Limettensaft
80 ml Pflanzenöl

1 Die Kardamomsamen aus den Kapseln lösen und in der Pfanne mit Koriander und Kreuzkümmel 2 Minuten rösten. Abgekühlt im Mörser fein zermahlen. Fertig gemahlene Gewürze 30 Sekunden rösten und abkühlen lassen. Shrimps-Paste in der Pfanne rösten, bis sie recht trocken ist.

2 Schalotten, Knoblauch, Ingwer, Galgant und Kurkumawurzel schälen und fein hacken oder reiben. Das Zitronengras flachklopfen, Chili putzen und samt den Nüssen und der Zimtstange grob hacken. Dies mit allen anderen Zutaten im Mixer zu einer Paste pürieren und in ein Einmachglas füllen. Die Paste hält sich mehrere Wochen im Kühlschrank.

Tip: perfekt für Christine´s Spiced Duck (Seite 24); eine Bereicherung bei Seafood Laksa (Seite 44) und südasiatischen Currygerichten.

deutscher klassiker auf australisch

Man nehme einen Wok, einen Koch mit Faible fürs Leipziger Allerlei und ein paar der feinsten Zutaten Sydney's – fertig ist Deutschlands Beitrag zur Modern Australian Cuisine.

10 Balmain Bugs, siehe Seite 86, ersatzweise Riesengarnelen
250 g grüner Spargel
250 g rote Kirschtomaten
250 g gelbe Kirschtomaten
1 Bund Lauchzwiebeln
150 g frische Shiitake-Pilze
100 g Wasserkastanien (Dose)
50 g schwarze Sojabohnen aus der Dose, siehe Seite 88
1 Knoblauchzehe
1 Stück frischer Ingwer (etwa 3 cm)
1 Bund Basilikum
2 Kaffirlimetten-Blätter, siehe Seite 88
1 Handvoll Erbsensprossen
2 EL Olivenöl
2 EL asiatische Austernsauce
1 EL Limettensaft
1 TL Palmzucker (ansonsten Rohrzucker) siehe Seite 88
Salz, Pfeffer

1 Die Balmain Bugs längs halbieren – am besten mit dem chinesischen Hackmesser. Schwanzhälften herauslösen, abspülen und von Därmen befreien. (Oder Garnelen aus der Schale lösen und von Därmen befreien).

2 Alle Gemüse außer den Shiitake putzen, waschen und trockentupfen. Den Spargel in 4 cm große Stücke teilen. Die Tomaten vierteln. Lauchzwiebeln in Ringe schneiden. Wasserkastanien in Scheiben schneiden. Die Pilze mit einem Tuch abwischen, entstielen und halbieren.

3 Bohnen im Sieb abspülen, 3 Eßlöffel Sud aufheben. Knoblauch und Ingwer schälen und hacken. Basilikum, Kaffirblätter und Erbsensprossen waschen und trocknen. Kaffirblätter in Streifen schneiden, Basilikumblätter zupfen.

4 Das Öl im Wok stark erhitzen. Die Bugs darin 30 Sekunden unter ständigem Rühren braten, dann herausheben. Anschließend Spargel und Wasserkastanien mit Knoblauch, Ingwer und Lauchzwiebeln 1 Minute unter Rühren im Wok braten.

5 Tomaten 30 Sekunden mitgaren und mit Bohnensud, Austernsauce, Limettensaft, Palmzucker und Kaffirblättern zwei Minuten schmoren lassen. Balmain Bugs, Sprossen und Basilikum darin schwenken, alles abschmecken und blitzschnell servieren.

Getränkempfehlung: ein Sémillon, z.B. aus dem Hunter Valley, oder ein junger Pinot Noir.

Von Billy Tea zu Caffè latte –
Australiens Kaffeekultur

Am Anfang war der Billy Tea. Eine bittere Brühe, die aus Teeblättern in einer Konservendose – der Billy Can – über dem Lagerfeuer schwarzgekocht wurde. Nicht selten waren in der Dose zuvor noch Baked beans erhitzt worden, die gemeinsam mit Toast, Spiegelei, gebratenem Speck und Billy Tea das typische Australian Breakfast der Pionierzeit ergaben. Noch heute soll es Leute geben, die auf diesen Start in den Tag schwören; nicht selten sind es Backpacker aus Übersee, die draußen im Outback auf der Suche nach dem authentischen Australien sind. Der moderne City-Aussie aber hält von so etwas wenig. Er setzt sich lieber vor Arbeitsbeginn ins Straßencafe (in Australien heißt es Cafe statt Café) oder lehnt sich an die Theke seiner Lieblings-Koffein-Bar, nippt am Caffè latte und ißt dazu seine Eggs Benedict oder wenigstens ein Croissant? – Frühstück in Australien 2000.

Wie sehr sich die Eßgewohnheiten »down under« in den letzten Jahren geändert haben, läßt sich vor allem an der Cafe-Kultur des Landes ablesen. Noch vor zwei Jahrzehnten gab es die im Grunde überhaupt nicht. Gefrühstückt wurde stets zu Hause bei Tee (oder löslichem Billigkaffee) und Toast, und in der heutigen Cafe-Metropole Sydney galt es als höchst exotisch, sich nur auf einen Schluck und ein paar Worte zu treffen, wenn es nicht gerade freitagabends im Pub war. Noch undenkbarer war es, daß dieses Treffen an einem Tisch vor dem Lokal stattfand – draußen sitzen war tabu in der britisch geprägten Lokalszene Sydneys.

Ein bißchen weiter war man da in Melbourne, wo italienische Einwanderer schon vor dem zweiten Weltkrieg ein weitmaschiges, aber stabiles Netz aus Bars und Ristorantes über die Stadt gelegt hatten. Hier – so die Legende – ging Australiens erste professionelle italienische Espressomaschine unter Dampf, und damit begann die heftige Affäre der Australier mit italienischem »caffè«. Heute wird in den Städten fast nur noch Kaffee von auf Espresso-Art gerösteten Arabica-Bohnen serviert. Vor allem in den Innenstädten sind dies die Mischungen der weltweit bekannten Firmen aus Italien, ansonsten ist die australische Marke Vittoria stark vertreten. Und nationalstolze Gourmets schwören auf Grinders Coffee. Inzwischen wird sogar versucht, einen guten Espresso aus australischem Anbau zu schaffen.

An der Espressomaschine sind die Australier jedenfalls den Italienern schon ein gutes Stück nahegekommen. So kann man selbst in einem Straßencafe von Alice Springs einen Cappuccino trinken, wie sie ihn in der Galleria von Mailand nicht besser hinbekommen würden: ein Drittel Espresso, ein Drittel heiße Milch, ein Drittel Schaum. Auch wenn Caffè latte (Espresso mit viel Milch und einer cremig-dicken Schaumkrone) inzwischen sehr im Kommen ist, gilt Cappuccino bei den milchverrückten Australiern immer noch als das Kaffeegetränk schlechthin. Daß er in seiner Heimat als Morgentrunk gilt, interessiert hier niemanden. Jede Tageszeit ist in Australien Cappuccino-Zeit, und so wird er hier von morgens bis abends genossen wie in Italien sein kleiner schwarzer Bruder, der Espresso.

Der hat mit »Short black« sogar einen Aussie-Namen, den man aber in den In-Cafes der Metropolen nicht so gerne versteht. Doch auch was als Espresso serviert wird, zeigt manchmal die Grenzen der Kaffeeköche von »down under«: Ohne die schützende Schicht aus Milch und Schaum präsentiert sich da ein Tässchen randvoll mit Kaffee, die Crema so dünn wie das Aroma. Vielleicht ist auch deswegen der Espresso nicht so populär in Australien, und vielleicht gibt es deswegen selbst in den sehr guten Cafes fast nie einen die crema schonenden Epresso-Löffel. Steht aber auf Karte oder Tafel »ristretto«, kann man sich freuen. Denn dann kommt ein wirklich kurzer Caffè in die Tasse, zubereitet von einem in den Unterschieden der Kaffeekultur erfahrenen Barista.

Dieser beherrscht dann auch die anderen wichtigen austtralischen Kaffeedisziplinen: den Long Black, der entweder ein doppelter Espresso oder einfach eine Tasse Kaffee ist; den Flat White, der ein Long Black mit heißer Milch und vielleicht etwas Schaum ist und ebenfalls wieder in Mode kommt; den Mochaccino (auch Moccaccino oder kurz Mocha genannt), ein Flat White mit einem Schuß Kakao darin; und den Babyccino: ein Tässchen mit aufgeschäumter Milch und viel Kakaopulver darauf, das Kindern gratis zum Einstieg in die Kaffeekultur serviert wird.

Citycafes sind auch ein guter Platz, um die populärsten Hits der neuen Eßkultur Australiens kennenzulernen. Selbst wenn diese zwischen Imbiß, Espresso-Bar und Bistro liegenden Lokale nur ein Spalt in der Mauer sind,

ist ein Styling Pflicht für sie; und oft gleichen sie ihre Winzigkeit dadurch aus, daß sie sich großzügig der ganzen Stadt öffnen. Wo das nicht passiert, schnappen sich die Gäste einfach ein paar der blauen Milchkästen vor der Tür und hocken sich mit Caffè und Croissant auf den Bürgersteig. Extrem entspannt ist auch das Personal, was die Geduld des Mitteleuropäers schon mal auf die Probe stellen kann. Die Karte bietet Gourmet Fast Food, und wenn die Küche dabei einen Schwerpunkt hat, statt zwischen den Nationen zu pendeln, ist sie am besten. Auch, wenn der Schwerpunkt wie so oft beim Brot liegt. Dann werden plustrige Focaccia, knuspriges Turkish Bread oder schlichte Sandwich-Toasts üppig belegt, mit selbstgemachten Dips und Chutneys vollendet und nach Wunsch frisch aus dem Toasteisen serviert.

Und weil Australier Süßes lieben – sie sind Weltmeister im Keksessen –, fehlt es auch daran nicht im Cafe. Oft stehen auf der Theke Einmachgläser mit handtellergroßen Cookies darin, und unter gläsernen Kuchenhauben werden ein Old Fashioned Lime Cake (siehe nächste Seite) oder Muffins angeboten. Die werden aber inzwischen immer mehr von den Friandaises verdrängt, kleinen knusprigen Küchlein in ovaler Form mit saftigem Inneren. Und die schmecken übrigens besonders gut zu schwarzem Tee. Vielleicht ist der ja auch bald wieder im Trend?

old fashioned lime cake

limettenkuchen auf alte art

Während die Welt noch Mod Oz feiert, sind sie in Sydney und Melbourne schon einen Schritt weiter - oder besser zurück: Die Retro-Welle hat Bodenständiges wieder nach oben gebracht, wie den englischen Zitronenkuchen. Hier wird er australisch mit Limette variiert.

5 Limetten
125 g weiche Butter
250 g feiner Zucker
2 Eier
320 g Mehl
1 1/2 TL Backpulver
1/2 TL Natron
250 g saure Sahne
Butter für die Form
250 g Mascarpone

1 Den Elektro-Ofen auf 180°C vorheizen (Umluft 160°C, Gas Stufe 2-3). Von 1 Limette die Schale dünn abreiben und den Saft auspressen. Die Butter schaumig rühren, 150 g Zucker zugeben und so lange weiterrühren, bis er sich fast aufgelöst hat. Die Eier einzeln unterschlagen, so daß eine schaumige Masse entsteht.

2 Mehl, Backpulver und Natron mischen, saure Sahne mit Limettensaft und -schale verrühren. Beides abwechselnd unter die Buttermasse mengen. Den Teig in eine gebutterte Springform füllen und im heißen Backofen etwa 45 Minuten auf der mittleren Schiene backen.

3 Inzwischen 3 Limetten in dünne Scheiben schneiden, die vierte auspressen. 100 g Zucker mit 1/8 l Wasser verkochen und die Limettenscheiben darin 20 Minuten bei kleinster Hitze ziehen lassen, bis sie weich sind. Limetten auf einem Gitter abtropfen lassen. Sirup mit Limettensaft verrühren.

4 Den gegarten Kuchen in der Form etwas ausdampfen lassen, mit den Limettenscheiben belegen und noch warm mit dem ebenfalls warmen Sirup tränken. Den Kuchen in der Form ganz auskühlen lassen, in Stücke schneiden und mit je einem Löffel voll Mascarpone servieren.

Getränkeempfehlung: australischer Süßwein wie Boytritis Sémillon, Muscat, Tokay oder Port. Oder ein Flat White (Kaffee mit Milch).

peaches kylie
pfirsiche kylie

In den 70ern liebte man Pfirsich Melba, einen der australischen Diva Nelly Melba gewidmeten Klassiker. Jetzt sind die 70er wieder »in«, und Australiens Diva ist Kylie Minogue. Für sie wurde das Dessert geschaffen: knallig, sinnlich, bittersüß – mit einem Kern, an dem man sich die Zähne ausbeißen kann.

4 saftige, vollreife Pfirsiche
1 Vanilleschote
1 Stück frischer Ingwer (4 cm)
1 Stück Zitronengras (4 cm)
550 g Zucker
2 Sternanis
2 Lorbeerblätter
400 ml Wasser
1/4 l Weißwein

1/4 l Cabernet-Sauvignon
1/4 l Frangelico (italienischer Kaffee-Gewürz-Likör, oder 100 ml Amaretto mit 3 cl Kräuterlikör und ein paar Spritzern Angostura)
Zitronensaft
250 g frische Kirschen
4 Kugeln Vanilleeis

1 Die Pfirsiche 15 Sekunden in kochendes Wasser und dann in Eiswasser tauchen. Die Haut abziehen. Die Vanilleschote aufschlitzen und das Mark herauskratzen. Ingwer schälen und in Scheiben hobeln. Das Zitronengras mit einem breiten Küchenmesser kräftig plattdrücken.

2 Wasser und Wein mit 400 g Zucker, Vanilleschote und -mark, Ingwer, Anis und Lorbeerblättern 5 Minuten kräftig kochen lassen. Die Pfirsiche darin 3-4 Minuten köcheln lassen. Nun die Früchte abkühlen lassen – am besten ist es, wenn sie sich über Nacht mit dem Weinsud vollsaufen.

3 Die Kirschen waschen und gut abtropfen lassen. Den Cabernet-Sauvignon mit Likör, ein paar Spritzern Zitrone und 150 g Zucker 5 Minuten kräftig kochen lassen. Die Kirschen hineingeben und neben dem Herd stehen lassen – am besten so lange wie die Pfirsiche.

4 Je einen Pfirsich mit einer Kugel Vanilleeis (an heißen Tagen ist auch Limetten- oder Mangosorbet fein) und ein paar Löffeln Kirschen anrichten und mit Dessertlöffel und -gabel servieren. Aber am Ende nicht vergessen, den Pfirsichstein lustvoll aus der Hand abzulutschen!

Getränkeempfehlung: Australische Riesling Spätlese.

sea of oz

australien ganz pur

Sea of Oz

Was ist Australien? Eine ehemalige Kolonie, ein Land, ein ganzer Kontinent, sicher. Doch vor alledem ist es eine Insel. Ein gewaltiges Stück Erde, das sich vor Jahrmillionen von der übrigen Welt abtrennte, abdriftete an den Rand des Globusses und dort zwischen dem Labyrinth Melanesiens und der Eismasse der Antarktis zum Niemandsland wurde. Der Indische Ozean und Afrika hielten es von der Alten Welt fern, im Osten lag der ganze Pazifik zwischen Terra Australis und der Neuen Welt Amerika.

Ausgerechnet die Engländer waren es, die Australien vor gut 200 Jahren für sich entdecken durften. Eine sonnenempfindliche Seefahrernation, die sich auf ihrer Heimatinsel den Luxus leistete, auf eine gute Fischküche zu verzichten. Wer wäre weniger dazu geeignet gewesen, den neuen Kontinent zu beleben? Das sahen auch die pragmatischen Briten schnell ein und machten so ihre jüngste Kolonie erst einmal zum Straflager für besonders lichtscheue Untertanen. Daß sie aber zugleich mehr als ein Jahrhundert lang die Fische und Meeresfrüchte vor seinen Küsten und damit den einzigen greifbaren Reichtum Australiens ignorierten, zeigt nur, daß ihre Zeit als Weltmacht zu Ende ging.

Hätten die Portugiesen auf ihren Gewürzreisen im 16. Jahrhundert auch noch die Landmasse im Süden ihrer Kolonien zu ihrem Hoheitsgebiet erklärt, sähe Australien heute sicher anders aus. Zumindest seine Fischküche. Thunfisch, Oktopus, Schwertfisch und Langusten kann-

ten sie ja bereits aus ihrer Heimat. Und sie hätten noch eine ganze Reihe neuer Fische, Muscheln und Krustentiere kennengelernt, um ihre eigene Küche zu bereichern. Wäre es so gewesen, dann gäbe es in den Fish-Shops Australiens heute vielleicht Prawns Tempura – Portugals kulinarische Spende an Japan – statt Fish'n' Chips.

Es war nicht so. Aber es blieb auch nicht so, wie Britanniens Pioniere es sich gewünscht hätten. Dazu ist das Angebot einfach zu gut, das die Ozeane den neueren, immer öfter nicht-britischen Bewohnern Australiens machten. Im Westen kann man rot-blau schimmernde Scampi aus den warmen Gewässern holen, das Meer des zerklüfteten Nordens ist der beste Platz für den Barramundi mit seinen zart-weißen Filets sowie für die Mud Crab mit ihrem edlen Fleisch unter ihrem pechschwarzen Panzer. Wertvoller ist nur noch der Muskel der Abalone-Muscheln, die einst in Mengen im Süden wuchsen. Heute werden sie vor allem für den japanischen Markt gezüchtet und dort zu Traumpreisen gehandelt.

Die Südinsel Tasmanien, deren Klima dem Europas ähnelt und deren kühles Küstenwasser besonders rein ist, versorgt Australien mit »Atlantiklachs« und Austern aus Aquafarmen. Aus dem Süßwasser holt sich das Land auch das Beste. Yabbies entsprechen Flußkrebsen und finden sich sogar in den Löschwasserteichen der Outbackfarmer.

Dies alles und noch viel mehr kann man fünfmal in der Woche frühmorgens an einem Platz sehen: in der Auktionshalle des »Sydney Fishmarket«. Hier werden täglich

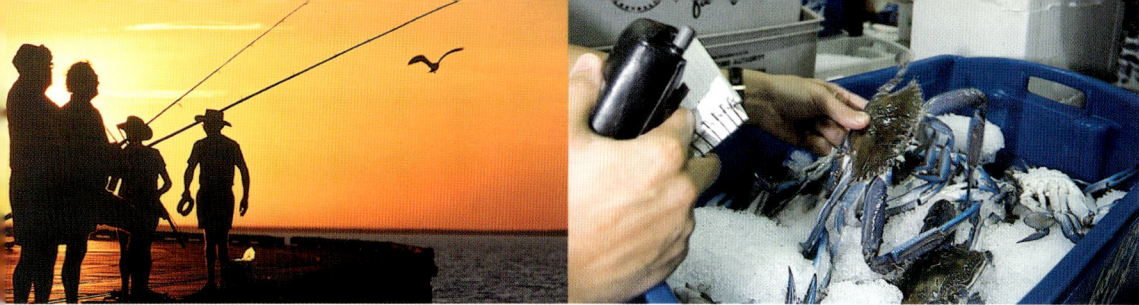

mehr als 100 Arten Seafood gehandelt, das in der Nacht von Berufsfischern gefangen und dann direkt in die Blackwattle Bay geliefert wird. Drei Viertel des Fangs stammen aus den Gewässern vor New South Wales, dessen Hauptstadt Sydney ist, aus dem übrigen Australien kommen 15 Prozent, den Großteil des Rests machen per Fracht gebrachte Fische und Meeresfrüchte aus Übersee aus. Nur noch der Tsukiji Markt in Tokio bietet mehr Auswahl an Fischen in der Welt.

Bevor die Auktion beginnt, gehen unten in der Halle die kleineren Einkäufer die aufgereihten Kisten ab. Der Besitzer eines Fischladens von Sydneys Northern Beaches schaut einem Snapper beim Frischetest hinter die Kiemen, und der Chef-Poissonier des schicken Fischlokals an der Rose Bay wiegt einen schillernden Red Emperor in den Händen. Eher desinteressiert sieht man dazwischen ein paar Japaner umherschlendern. Auf der Tribüne vor den riesigen Auktionsuhren sitzen bereits die Großhändler und Exporteure sowie die Einkäufer, die für eine ganze Reihe von Restaurants oder Läden arbeiten.

Um halb sechs beginnt die Auktion – plötzlich herrscht konzentrierte Stille. Die Uhren zeigen digital den sekundenschnell fallenden Preis für die Ware an, und wer als erstes den Knopf am Pult drückt, dem gehört sie. Bei guten Nerven läßt sich da ein günstiger Fang machen, wer zu schnell am Drücker ist, wird schon mal ausgelacht. Nach und nach wandern die Fischkisten direkt zum Abholdeck oder in den Fillierraum, wo die Fische am Fließband geschuppt, ausgenommen und zerteilt werden. Gegen sieben wird es dann draußen im Sashimi-Pavillon doch noch einmal richtig laut und spannend. Hier liegen die Prachtstücke des Tages fangfrisch aufgebahrt, riesige Thunfische, am Schwanz eingeschitten, damit die Sushi-Meister die Fettmarmorierung prüfen können. Da nimmt ein Seebär in Shorts und blauem Polohemd mit Kopfmikrofon die Stelle der digitalen Uhr ein, und die vorhin noch so teilnahmslosen Japaner folgen ihm laut bietend von Fisch zu Fisch. Sobald einer den Zuschlag hat, wuchtet er seine Beute auf eine Sackkarre und schafft sie schnell hinaus, während hinter ihm der Lärm der Bietenden weiter ansteigt. Australiens Thunfische gelten auch unter Japanern als rare Delikatessen, für die sie gerne teuer bezahlen.

Lange war der Handel mit Fisch und Meeresfrüchten »down under« allein Sache der griechischen Einwanderer, und drei Familien von einer winzigen Insel der Ägäis spielten dabei die Hauptrolle. Doch inzwischen rücken hier die Asiaten stark nach, seit ihre Kochkunst die Küche Australiens so sehr beeinflußt. Und selbst bei dieser Entwicklung vermittelte das Meer. Thai Crab Cakes, Seafood Laksa, ein mit Ingwer und Limette gewürztes Tuna-Steak fürs Barbecue oder ein im Bananenblatt gegarter Snapper sind noch heute Botschafter für die geschmackvollen Zubereitungen Asiens, die der Mod Oz Cuisine die Würze geben. Tempura gibt es aber auch weiterhin nicht im Fish-Shop. Dafür zählt die Box mit frischen Sushi vom Großhändler bereits zum Standard hinter vielen Fischtheken. Man kann auch ohne militärische Eroberungen siegen.

steamed seafood custard

gedämpfter meeresfrüchte-pudding

Dieses Rezept ist eine australische Variante von Japans Chawan Mushi, die auch im Ofen zubereitet werden kann.

Für den Custard:
200 g weißes Fischfilet
(z. B. Barramundi, Snapper oder
Kabeljau, siehe Seite 86)
2 EL japanische Sojasauce
5 EL Reiswein
4 Jakobsmuscheln mit rotem Corail
100 g frische Shiitake-Pilze
2 Blätter Nori (getrockneter Seetang,
siehe Seite 88)
8 EL gekochter Reis
4 ganz frische Austern
4 Eier
350 ml kräftiger Fischfond
(selbstgemacht oder aus dem Glas)
Salz
Senfsprossen zum Verzieren

Außerdem:
4 asiatische Reisschalen
4 kleine oder 2 große
Bambusdämpfer

1 Den Fisch in 1 cm dicke Streifen schneiden, mit einem Eßlöffel Sojasauce und einem Eßlöffel Reiswein vermischen und 15 Minuten marinieren. Den Corail von den Muscheln abtrennen. Die Shiitake mit einem Tuch abwischen und entstielen. Zwei Pilze halbieren, die übrigen in Scheiben schneiden. Nori-Blätter in einer Pfanne anrösten und in Stücke zupfen.

2 Den Fisch samt Marinade mit Reis, Pilzstreifen und Nori mischen und auf die Reisschalen verteilen. Je eine Muschel mit Corail, einer Auster und einer Pilzhälfte daraufsetzen. Eier mit Fond, übrigem Reiswein und übriger Sojasauce verrühren und mit Salz abschmecken. Diese über den Inhalt der Reisschalen gießen und dicht mit Folie abdecken.

3 Zwei Woks oder Töpfe mit so viel Wasser füllen, daß die Dämpfer später 2 cm tief darin stehen, und zum Sieden bringen. Custards in die Dämpfer setzen und zugedeckt 10-15 Minuten garen. Oder ein tiefes Blech mit soviel Wasser füllen, daß die Custards zu drei Vierteln darin stehen, und im 180°C heißen Ofen erhitzen (Umluft 160°C, Gas Stufe 2-3). Die Custards 10-15 Minuten stocken lassen. Fertige Custards mit Senfsprossen verzieren.

Getränkempfehlung: japanischer Reiswein oder ein Sauvignon Blanc.

mod oz scampi cocktail

garnelen cocktail

Für die Sauce:
100 g griechischer Joghurt
(10 % Fettgehalt)
50 g Mayonnaise
50 g Tomatenketchup
50 g süß-saure Chilisauce
1 EL asiatische Fischsauce
1/4 TL Wasabi-Paste (japanischer
Meerrettich, siehe Seite 88)
1/4 TL rote Thai-Currypaste
1 TL geriebener frischer Ingwer

Außerdem:
1 nicht zu weiche Mango
2 Lauchzwiebeln
1/2 Handvoll Brunnenkresse
500 g gegarte und ausgelöste Scampi
4 Scheiben Toastbrot

1 Für die Sauce alle Zutaten verrühren und abschmecken. Mango schälen, das Fleisch vom Kern lösen und in Spalten schneiden. Lauchzwiebeln waschen, putzen und in feine Ringe schneiden. Brunnenkresse waschen und grob hacken.

2 Die Brunnenkresse in vier Cocktailgläser geben. Mango, Scampi und Lauchzwiebeln mit der Sauce vermischen und in die Gläser füllen. Mit geröstetem Toast servieren.

Getränkeempfehlung: trockener Sekt, Undwoodened Chardonnay.

lemon prawns

zitronengarnelen

2 unbehandelte Zitronen
1 Bund Dill
100 ml Olivenöl
20 King Prawns (oder
andere große Garnelen)
1 Knoblauchzehe
1 TL scharfer Senf
Salz
Pfeffer
1 Prise Zucker

1 Zitronen heiß waschen, Schale dünn abreiben und den Saft auspressen. Dill waschen, trockenschütteln und die Spitzen hacken. Stengel in Stücke brechen. Vom Zitronensaft 2 Eßlöffel abnehmen, Rest mit Schale, Dillstengeln und 2 Eßlöffeln Öl verrühren. Prawns darin eine Stunde ziehen lassen.

2 Knoblauch schälen, würfeln und mit 2 Eßlöffeln Zitronensaft, Senf, 6 Eßlöffeln Öl, Salz, Pfeffer und Zucker verrühren. Abgetropfte Garnelen in 2 Eßlöffeln Öl unter Rühren 2 Minuten braten, den Dill zugeben und mit Salz und Pfeffer würzen. Garnelen mit der Zitronen-Vinaigrette servieren.

Getränkeempfehlung: Gewürztraminer.

seafood laksa

meeresfrüchte-eintopf mit kokosmilch und minze

Laksa ist so etwas wie die Bouillabaisse Südostasiens: einst ein Arme-Leute-Gericht, heute eine weltweit geschätzte Delikatesse. Die Zubereitung kann Stunden dauern – was Australier gar nicht schätzen. Dies ist ihre »casual version«.

1 kg Tiger Prawns
500 g gewässerte Miesmuscheln
3 Knoblauchzehen
1 Zwiebel
4 Zweige asiatische Laksa-Minze, ersatzweise 2 Zweige normale Pfefferminze
4 kleine Paksoi, siehe Seite 87
1 rote Chilischote
4 frische Kaffirlimetten-Blätter, siehe Seite 88
2 Hühnerbrustfilets ohne Haut und Knochen
Salz
3 EL Pflanzenöl
1 Stück Zimtstange (3 cm)
2 Nelken
250 g nicht zu feine asiatische Weizennudeln
400 ml ungesüßte Kokosmilch (Dose)
2-3 TL rote Currypaste (oder noch besser Christines Würzpaste von Seite 26)
1/2 TL gemahlener Kurkuma

1 Die Prawns schälen und die Darmstränge entfernen. Schalen beiseite stellen. Muscheln abspülen, geöffnete aussortieren. Knoblauch und Zwiebel schälen und würfeln. Die Minze waschen und die Blätter hacken. Paksoi waschen, putzen und vierteln. Chili hacken, Kaffirblätter in Streifen schneiden.

2 Brustfilets in 1/2 l Salzwasser 10 Minuten pochieren. Muscheln zugedeckt in einem Eßlöffel Öl 4 Minuten garen. Geschlossene Muscheln aussortieren, alle anderen aus der Schale lösen. Den Sud durch einen Kaffeefilter gießen.

3 Im übrigen Öl Zwiebel und Garnelenschalen kurz anbraten. Mit 1 Liter Wasser sowie Hühner- und Muschelsud ablöschen und mit Zimt und Nelken 1 Stunde leise köcheln lassen. Sud durch ein Sieb gießen. Nudeln nach Packungsaufschrift garen.

4 Von der Kokosmilch 4 Eßlöffel »Rahm« abnehmen und im Topf erhitzen. Darin Knoblauch mit Chili, Kaffirblättern, Currypaste und Kurkuma 5 Minuten dünsten. Mit Garnelensud und restlicher Kokosmilch aufkochen lassen und Paksoi darin 1 Minute garen.

5 Die Hühnerbrust in Streifen schneiden und mit Garnelen, Muscheln und Minze sanft in der Suppe erhitzen. Noch zwei Minuten ziehen lassen, dann die heißen Nudeln auf Suppenschalen verteilen und die Suppe darübergießen.

Getränkeempfehlung: eiskaltes Asia-Bier (z.B. indisches Kingfisher) oder Pils; Pinot Gris, Gewürztraminer.

Life is a beach - ein Leben für den Strand

Australier, deine Heimat ist das Meer? Solch eine Zeile wäre den Menschen »down under« viel zu pathetisch, um ihre Liebe zum Ozean zu beschreiben. Liebe? Auch das ist schon wieder ein viel zu großes Wort. Und Australier machen nun mal nicht viele Worte um das, was ihnen wirklich am Herzen liegt. Wozu auch? Um zum Beispiel ihre Vernarrtheit ins Wasser kennenzulernen, muß man ihnen nur dorthin folgen. Auf zum Strand also.

Morgengrauen an einem Küstenort irgendwo im Osten Australiens. Kaum macht sich die Sonne daran, zügig die Wasserlinie am Horizont unter sich zu lassen, regt sich am Strand das erste Menschenleben. Ein Schwimmer, der wie aufgezogen seine Bahnen durch die Brandung zieht. Sicher trainiert er für das Triathlon am kommenden Wochenende. Zugleich verblaßt im Morgenrot immer mehr der Schein des Flutlichts über dem Rockpool, dem in den Fels gehauenen Naturbecken für die ruhigeren Schwimmzüge im Meerwasser. Die zähe alte Dame mit der lindgrünen Bademütze kann man hier jeden Morgen treffen. Weiter draußen auf dem Riff steht ein Mann in Öljacke und mit Steigeisen an den Füßen, in der Hand eine Angel, am Lampenpfahl hängt sein Eimer für den Fang aus der heranrollenden Flut. Vielleicht erwischt er ja einen Snapper, die sollen sich manchmal hierher verirren.

Inzwischen ist auch der Strand selbst nicht mehr ganz leer. Ein paar Jogger traben durch den noch kühlen Sand, weiter unten läuft eine Frau mit ihrem Hund barfuß am Wellensaum entlang. Im Strandcafe stößt die Espressomaschine bereits den ersten Dampf aus, und die Friteuse für Fish'n' Chips läuft sich auch langsam warm. Im Clubhaus der Lifesaver wird gerade das Licht ausgemacht, und die Helden des Tages schlendern in ihren enganliegenden gelben Polo-Shirts mit langen Ärmeln und den roten Badekappen auf dem Kopf in Richtung Wasser, Fahnenstangen, ein Sonnendach und Surfbretter in Übergröße im Gepäck. Nachdem sie die Brandung geprüft und mit den Vorhersagen vom frühen Morgen verglichen haben, stecken sie die sichere Zone für die Schwimmer ab. Die Strömungen vor Australiens Küsten sind tückisch, und wer nicht »beetween the flags« bleibt, wird von den ansonsten eher entspannten Lifesavers gnadenlos angepfiffen.

Am folgsamsten sind da die Mütter mit Kindern, die am frühen Vormittag hierherkommen, wenn die Sonne noch nicht so stark brennt. Die Kleinen tragen aber auch dann schon ihre bunten Schwimm-Shorts, -shirts und -schirmmützen, die UV-Strahlen abhalten. Am Wochenende sind noch die Väter, Großeltern und weitere Verwandte oder Bekannte dabei, und natürlich der »Eskie«, wie die zu jedem anständigen australischen Haushalt zählende Kühlbox genannt wird. Um diesen Kosenamen wirklich zu verdienen, muß sie mindestens 20 Liter fassen und im verschlossenen Zustand als Sitzplatz für zwei taugen. Der Inhalt ändert sich von Besitzer zu Besitzer: Mama, Papa und die Kinder werden darin vielleicht ein paar Sandwiches, kaltes Huhn, einen Sechserpack Fruchtjo-

ghurt, ordentlich Cola und ein, zwei Bier für später verstauen. Bei dem Haufen »mates« wird es eher nur das Bier sein, das den Platz im Eskie einnimmt, ansonsten sind höchstens der Pack Grillwürstchen und die Flasche Ketchup fürs öffentliche Barbecue oben am Parkplatz erlaubt. Ist der Freundeskreis aber eher gemischt, mit teuren Sonnenbrillen bestückt und in den neuesten Allrad-Trucks für den Vorortverkehr angereist, können sich schon mal ein Flasche Chardonnay und eine Handvoll Prawns unter Bier und Würstchen mischen.

Ab fünf Uhr nachmittags leert sich der Strand – so richtig voll wird er aber selbst an einem Sonntag nie –, und dann gehört er wieder den Joggern, Spaziergängern, Pensionären. Und den Möwen samt ihren menschlichen Verwandten, den Surfern. Für sie beginnt hier das Paradies, wenn alle anderen noch nicht da oder schon wieder weg sind und zugleich die Wellen stimmen; wenn das schmale Band zwischen Sand und der ersten Gischt draußen im Meer nur ihnen gehört; wenn sie auf ihren Brettern hockend die kleineren Wellen unter sich wegtreiben lassen und dann plötzlich wie auf ein Zeichen die Nasen in Richtung Land drehen, paddelnd den Schwung der nächsten Woge aufnehmen, schließlich mit einem Satz auf dem Board stehen und in rasant tänzelnder Fahrt zwischen Kamm und Wellental in Richtung Strand gleiten.

Kaum etwas zeigt besser, wo sich die Australier zu Hause fühlen, als der Tag am Meer. Weniges ist ihnen so wichtig wie der Strand, und da bekommen Strandpicknick

und Beach Barbecue eine schon fast rituelle Bedeutung, soweit es das im weißen Australien überhaupt geben kann. Doch zumindest für Fish'n' Chips muß das einfach so sein, denn sie schmecken tatsächlich nur dann richtig gut, wenn sie in einem Fish-Shop mit Meerblick zubereitet werden. Und unter denen läuft ein ständiger Wettbewerb, wer die besseren Fisch- und Kartoffelstücke aus der Friteuse holt. Mit dem Ergebnis, daß man in Australien wohl die besten Fish'n' Chips der Welt genießen kann.

Bei den allerbesten Shops können die Kunden zwischen zehn und mehr Arten wählen, vom schlichten Bream bis zum edlem Barramundi. Aber auch wer den üblichen Haifisch – statt »shark« gerne beschönigend »flake« genannt – ins Fett taucht, würde dazu nie ein samt Teighülle tiefgekühltes Fertigprodukt nehmen. Das geheime Teigrezept des besten Fish-Shops in der Umgebung – das ist eines der ganz wenigen kulinarischen Themen, die auch in einer australischen Männerrunde zumindest grob angesprochen werden dürfen. Am besten dann, wenn man dabei die Füße in die Wellen streckt, noch ein eiskaltes Bier aus dem Eskie fischen kann und beim letzten Bissen Haifisch der Sand zwischen den Zähnen knirscht. Life is a beach, mate.

australiens lehrstück für old britain

sea of oz

Selbst Fast-Food-Ketten schaffen es nicht, Australiens Liebe zu ihren Fish'n' Chips zu erschüttern – und mit frischem australischem Fisch zubereitet stehen sie ja auch für die weltweit beste Version des britischen Klassikers.

1 Zitrone
4 feste weiße Fischfilets, je 150 g
(z. B. Hai oder Bream, für die
Gourmet-Version Barramundi oder
Whiting, siehe Seite 86)
weißer Pfeffer
1 Ei
100 g Mehl
70 g Kartoffelstärke
Salz
700 g festkochende Kartoffeln
etwa 3 kg Pflanzenfett zum Fritieren
Mehl zum Wenden

1 Die Zitrone waschen und in 6 Spalten schneiden. Zwei Spalten auspressen und den Fisch mit dem Saft einreiben sowie pfeffern. Das Ei trennen. Eigelb mit 1/4 l Wasser, Mehl, Stärke und Salz verrühren.

2 Die Kartoffeln schälen und in Stäbchen schneiden. In der Friteuse oder in einem großen Topf die Hälfte des Fetts auf 160°C erhitzen. Die Chips darin portionsweise fritieren, bis sie beginnen zu bräunen. Herausheben und gut abtropfen lassen. Dabei nicht zu viel auf einmal fritieren, weil sonst das Fett abkühlt und die Chips sich damit vollsaugen.

3 In einer weiteren Friteuse oder einem zweiten Topf für den Fisch das übrige Fett auf 180°C erhitzen. (Die zweite Kochstelle ist wichtig, weil so später alles zugleich fertig ist und Fisch wie Chips nur nach sich selbst schmecken.) Eiweiß steif schlagen und unter den Teig heben.

4 Filets salzen, in Mehl wenden, durch den Teig ziehen und im heißen Fett je zwei Filets 3-4 Minuten fritieren. Auch die Chips portionsweise fertig fritieren, bis sie goldbraun und knusprig sind, und salzen. Fish'n' Chips mit Zitrone servieren und am besten samt Meerblick genießen. Dazu ißt man Sauce Tatare bzw. Remoulade – keinen Ketchup!

Getränkeempfehlung: Bier – stets eiskalt, immer aus der Flasche, nie im Glas.

beach barbecue

oktopus, jakobsmuscheln und garnelen vom grill

Wer den Aussie Beach um die Ecke hat, für den ist dieses Barbecue keine Affäre – auch weil er für die Zutaten nicht viel ausgeben muß. Alle anderen müssen schon etwas tiefer in die Tasche greifen – oder das Geld gleich für den Beach-Urlaub sparen.

Für den Oktopus:
300 g küchenfertiger Baby-Oktopus
1 EL schwarze Bohnen, siehe Seite 88
4 EL Ketjap manis (indonesische Sojasauce, siehe Seite 88)
1 EL Tomatenketchup

Für die Scallops-Spieße:
2 Limetten
100 ml Olivenöl
1 TL Tandoori-Gewürzmischung (ersatzweise Currypulver)
12 Jakobsmuscheln samt Corail
8 Kaffirlimetten-Blätter, siehe Seite 88 (ersatzweise Zitronenblätter)
4 Scheiben Bacon oder Räucherspeck

Für die Thai-Prawns:
12 Tiger Prawns
1 kleine rote Chilischote
1 Knoblauchzehe
1 Stück frischer Ingwer (2 cm)
1 TL Palmzucker (siehe Seite 88) oder brauner Zucker
1 EL Öl

Grillspieße
Salz, Limetten

1 Den Oktopus mundgerecht zerteilen. Bohnen fein hacken, mit den übrigen Zutaten verrühren und den Oktopus darin 3 Stunden marinieren. Für die Spieße die Limetten auspressen und den Saft mit Öl, Gewürz und Pfeffer verrühren. Jakobsmuscheln mit Kaffirblättern darin 30 Minuten marinieren.

2 Die Prawns aus der Schale lösen, so daß die Schwanzspitze dran bleibt, und die Därme entfernen. Chili putzen, Knoblauch und Ingwer schälen, und alles fein hacken. Mit Zucker und Öl vermengen und die Prawns darin 30 Minuten marinieren.

3 Vom Oktopus die Marinade leicht abstreifen. Die Prawns der Länge nach gestreckt auf Spieße stecken und leicht salzen. Jakobsmuscheln, Kaffirblätter und Bacon abwechselnd auf Spieße stecken, so daß der Bacon wellenförmig zwischen den Muscheln verläuft und sie jeweils etwas umschließt. Limetten halbieren und in Scallops-Marinade wenden.

4 Oktopus auf dem sehr heißen Grill in 2-3 Minuten garen, dabei öfter wenden und mit Marinade bestreichen. Prawns in 1-2 Minuten auf beiden Seiten garen, die Spieße ebenso. Limetten 4-5 Minuten grillen und dazu genießen.

Getränkeempfehlung: Bier oder ein staubtrockener australischer Riesling, beides eiskalt aus der Kühlbox.

snapper in bananaleaves

snapper in bananenblättern

Der Snapper ist Australiens beliebtester Fisch, wenn es »aufs Ganze« geht. Hier wird er im Schutz von Bananenblättern gegart, so daß er seinen ganzen Geschmack bis zum Servieren für sich behält.

4 nicht zu große Snapper
(etwa 1 kg, siehe Seite 86,
ansonsten Goldbrassen)
1 Stück Zitronengras
(10 cm, siehe Seite 88)
200 ml Hühnberbrühe
100 ml Sojasauce
6 EL Sesamöl
6 EL Reiswein
4 EL Palmzucker (siehe Seite 88,
ansonsten Rohr- oder brauner Zucker)
8 Lauchzwiebeln
2 Bund Koriandergrün
1 Stück frischer Ingwer (5 cm)
4 Bananenblätter (ersatzweise
4 Stück Alufoile, 40 x 40 cm)

1 Die Snapper auf den Hautseiten dreimal kreuzweise einschneiden; so kann die Marinade besser einwirken und der Fisch gart dann gleichmäßig in kurzer Zeit. Das Zitronengras putzen, flachklopfen und in feine Ringe schneiden, mit Brühe, Sojasauce, Sesamöl, Reiswein und Zucker aufkochen und abkühlen lassen. Die Snapper darin 15 Minuten marinieren, dabei öfter wenden.

2 Die Lauchzwiebeln putzen, längs halbieren und waschen. 3 Hälften in Streifen schneiden. Den Koriander waschen und von einem Bund die Blättchen hacken. Ingwer schälen und raspeln. Die Bananenblätter waschen und zuschneiden, so daß sich die Fische darin einschlagen lassen.

3 Den Elektro-Ofen auf 200°C vorheizen (Umluft 180°C, Gas Stufe 3). Auf jedes Bananenblatt zwei Lauchzwiebelhälften und Korianderzweige legen. Fische daraufgeben, Lauchzwiebelröllchen, gehackten Koriander und Ingwer darüber verteilen. Die Snapper mit Marinade beträufeln, einschlagen und die Päckchen mit Küchengarn verschnüren.

4 Die Fischpäckchen auf ein Gitter legen und im heißen Backofen 10-12 Minuten garen, so daß das Snapperfleisch noch etwas glasig ist. Die Fische auspacken und samt der Garnitur servieren.

Getränkeempfehlung: Pinot Gris oder australischer Riesling.

mango madness

mango-granité

Wenn im Northern Territory die Zeit des Regens und der Mango-Ernte kommt, geht es besonders rauh zu, »mango madness again« heißt es dann. Mit diesem Drink läßt sie sich gut behandeln.

100 g Zucker
1/8 l Wasser
600 g Mangofleisch (je nach
Größe von 2-4 Mangos)
Saft von 2 Limetten

1 Zucker mit Wasser verkochen, bis er sich aufgelöst hat und abkühlen lassen. Mit dem Mangofleisch und dem Saft einer Limette pürieren, 2 cm hoch in eine flache Form streichen und gefrieren. Sobald das Püree anfriert, mit der Gabel umrühren.

2 Dies alle halbe Stunde wiederholen, bis es zu einer geschmeidigen, aber nicht zu feinen Masse gefroren ist.

3 Das Granité in eisgekühlte Gläser füllen und mit Limettenspalten servieren, die zum Genuß darüber ausgepreßt werden. Wer mehr »madness« will, kann noch einen Schuß Wodka darübergeben – zum Abschluß eines langen Beach-Tages.

ice cream spider

schmeckt erfrischend erschreckend

Die exotische Version des Ice Cream Soda mit einem Schuß England darin. Der Name? Wohl britischer Humor.

4 Passionsfrüchte
2 Orangen
4 Kugeln Vanilleeis
1/4 l eiskaltes Ginger Ale

1 Die Passionsfrüchte halbieren und das Fruchtfleisch samt Kernen herauskratzen. Die Orangen auspressen. Beides mit einer Gabel miteinander verrühren.

2 Die Fruchtmischung in eisgekühlte Gläser füllen und je 1 Kugel Eis hineingeben. Gläser mit Ginger Ale auffüllen, so daß es schön schäumt, und die Ice Cream Spider mit Strohhalm servieren.

land of oz

australien original

Land of Oz

Wo liegt der Ursprung einer Landesküche? Die traditionelle Antwort lautet: In den Küchen auf dem Land. Australien aber besitzt als junge Nation mit einer beweglichen Gesellschaft nur wenig Tradition, schon garnicht eine kulinarische. Anders als in Europa gibt es gar keine natürlich gewachsenen fruchtbaren Regionen, in denen Bauernfamilien über Generationen Rezepte für die typischen Produkte ihrer Gegend weitergegeben haben. Was nicht heißt, daß es hier keine Bauern gibt. Viele der Einwanderer aus Südeuropa oder Asien wissen sehr gut, was Arbeit auf dem Feld bedeutet, und wollen gerade deswegen in ihrer neuen Heimat nichts mehr davon wissen. Oder das schroffe Land mit seinen zum großen Teil in den Städten lebenden Menschen macht es ihnen einfach zu schwer, Landwirt zu bleiben.

So war es zumindest in der Anfangszeit des modernen Australiens. Nur die großen Agrarfirmen aus Übersee schienen damals genug Kraft zu haben, den Gürtel zwischen roter Wüste und der Küste fruchtbar zu machen. Über karge Flächen wurden gigantische Weiden und Plantagen gelegt, die zum Teil bis heute mit großem technischem Aufwand am Leben gehalten werden. Wer im Sommer auf dem Hume Highway zwischen Sydney und Melbourne unterwegs ist, kann schnell glauben, daß ganz Australien aus wogenden, künstlich bewässerten Kornfeldern besteht. Ein genauerer Blick zeigt aber, daß das ländliche Australien mehr ist als nur Wüste, riesige Plantagen und Outbackpubs, in denen eisgekühltes Bier und aufgewärmte Meat Pies serviert werden. Dazu ist

schon die Sehnsucht der Städter nach dem kleinen Stückchen »good old country« viel zu groß.

Besonders im Herbst und Winter wächst ihre Lust aufs Land mit seinem »heartfood«: wärmende Ofengerichte und satte Kuchen, serviert bei prasselndem Kaminfeuer zu einem Roten aus dem Keller des Gasthofes. Ein Idyll, daß meist bereits daran scheitert, weil australische Häuser nur selten unterkellert sind. Und in den Blue Mountains, Sydneys Naherholungsgebiet, hat das auch wenig mit Regionalküche zu tun, denn hier wächst vor allem Eukalyptus. Aber so ernst ist es dem Aussie ja auch gar nicht mit der Kaminfeuerromantik, sonst würde er nicht »Christmas in July« feiern – im australischen Winter der Hit in den Lokalen der Blue Mountains.

Ein bißchen besser treffen es da die Melbournians, die schon bei einem Trip entlang des Murray River in den Lokalen am Ufer die Fische des Flußes probieren können. Nicht zu vergessen Adelaide mit dem Barossa Valley im Hinterland, wo einige der feinsten Gemüse und Früchte Australiens wachsen. Hier haben Weinbauern, Produzenten und Restaurantbetreiber inzwischen ein so dichtes Netz von guten Adressen geknüpft, daß das Valley am ehesten der Idee einer Regionalküche nahekommt. Weingegenden sind immer ein guter Boden für Feinschmecker, und das beweist auch Tasmanien. Mit seinem etwas strengerem Klima und seiner reinen Natur ist es Heimat einiger australischer Toplagen geworden. Tasmaniens Äpfel – der Granny Smith stammt von hier – und vor allem seine Käse sind auch auf dem Kontinent

Delikatessen. Das klingt nach einem Klein-Frankreich. Aber hier ist es wie in anderen inzwischen von engagierten Kleinbauern und -produzenten geprägten Anbaugegenden – eine Regionalküche gibt es noch nicht.

Michael Symons, der weitblickendste unter Australiens Foodautoren, glaubt, daß seine Heimat auch in Zukunft nicht so schnell eine Reihe von kulinarisch eigenständigen Regionen haben wird. Doch er hat Hoffnung, denn immerhin wird heute zwischen Adelaide und Darwin weit unterschiedlicher gekocht als noch vor 50 Jahren. Symons erklärt das an einem einfachen Modell: Er hat Australiens vier fruchtbare Klimazonen mit entsprechenden Regionen der Welt verglichen. Tasmanien, der Süden Victorias und die Südspitze von New South Wales bilden dabei die kühle Zone mit einem Klima ähnlich dem Mitteleuropas. Alles was sonst noch südlich der Luftlinie von Perth nach Sydney liegt, zählt er zur mediterranen Zone. Von Sydney über Brisbane nach Rockhampton erstreckt sich zwischen der Great Dividing Range und der Ostküste die subtropische Zone. Südchina mit Kanton, Südjapan mit Tokio und Südafrika sowie der Raum um Buenos Aires und New Orleans ähneln ihr im Klima. Das übrige Queensland bis nach Cape York, der Norden des Northern Territory und die Kimberleys sind tropisch, wie Südindien und -vietnam sowie Thailand.

Für viele im Laufe der Zeit entstandene kulinarische Eigenheiten bietet dieses Klimamodell eine Erklärung: Melbournes Faible fürs Europäische, Käse und Wein aus Tasmanien, Olivenöl vom Kangaroo Island, süßscharfer

Fisch auf dem Nachtmarkt von Darwin. Am erstaunlichsten ist aber, daß Sydneys Klimazone der von Städten und Gebieten gleicht, die seine Küche entweder beeinflußt haben – wie Kanton und Südjapan – oder wie Südafrika und New Orleans eine eigene Art der Fusionsküche entwickelt haben.

Warum also soll man ein junges Land mit alten Maßstäben messen? Muß Australien erst eine Reihe von in langer Zeit gewachsenen Regionalküchen haben, um eine Landesküche formen zu dürfen? Die scheint sich ohnehin gerade von selbst über andere Verbindungen zu bilden, und diese gehen über Kontinente statt über Generationen. So arbeiten hier Köchinnen und Köche zusammen, die aus den Küchen ihrer früheren Heimat ihre liebsten Zutaten und für den anderen neue Erfahrungen mitgebracht haben.

Einige Produkte und sogar manche Gerichte sind bereits echt australisch, dazu kommt das Jahrtausende von den Aborigines genutzte Bushfood. Und typisch australische Anlässe gibt es genug, um dies alles zusammenzubringen. Ein Picknick im Weinberg mit Camembert aus Tasmanien und Roter Bete in Ingwersud; eine Autorast bei einem mit Chickencurry gefülltem Meat Pie; ein mit wilden Buschtomaten gewürztes Ragout vom Lagerfeuer; ein Barbecue mit Känguruh und Lammkoteletts; Anzac Day mit Biscuits und Tee aus Indien. Wer Australiens neue Küche auf dem Land genießt, der weiß wirklich wo sie herkommt. Und vielleicht kann man bei ihr sogar die kulinarische Zukunft des Landes ein bißchen schmecken.

wenn damen reisen

Beim »Ploughman's Lunch« stärkten sich die Farmer einst am Ackerrand für den Rest des Tages mit Schinken, Käse und Eingelegtem. Der »Lady's Lunch« ist die moderne Antwort darauf – der ideale Proviant für feine Landausflüge.

Für 6 Personen

Für die eingelegten Orangen:
2 Knoblauchzehen
1 Stück frischer Ingwer (3 cm)
1 EL Kardamomsamen
1 TL Fenchelsamen
2 Lorbeerblätter
350 g Zucker
1/2 TL Salz
4 unbehandelte Orangen

Für die Rote-Bete-Pickles:
600 g Rote Bete samt Grün
1 rote Chilischote
1 Stück frischer Ingwer (3 cm)
2 Knoblauchzehen
1 Stück Meerrettichwurzel (4 cm)
2 TL Salz, 50 g Zucker
300 ml Sherry-Essig

Außerdem:
500 g Geflügelleberterrine
500 g Käse z.B. Blue Cheese
oder Camembert
frischgebackene Sauerteigbrötchen

1 Für die Orangen den Knoblauch und Ingwer schälen und in Scheiben schneiden. Beides mit Kardamom, Fenchel, Lorbeer, Zucker und Salz in 1/2 l Wasser 5 Minuten kochen lassen. Orangen abwaschen, achteln und im Sud 45 Minuten köcheln lassen, bis die Schale weich ist. Orangen samt Sirup in Einmachgläser füllen und verschlossen im Kühlschrank 1 Woche ziehen lassen.

2 Rote Bete waschen und putzen, dabei Wurzeln und Stiele etwas stehen lassen. In Salzwasser in 8-10 Minuten bißfest kochen, größere Knollen entsprechend länger. Die Rote Bete noch heiß pellen, größere Knollen halbieren oder vierteln. Eventuell mit Küchenhandschuhen arbeiten.

3 Chili putzen, entkernen und hacken. Ingwer und Knoblauch schälen und hacken, Meerrettich schälen und raspeln. Dies mit Salz, Zucker und Essig in 1/4 l Wasser aufkochen. Die Rote Bete in Einmachgläser füllen, mit dem heißen Sud übergießen und verschlossen 1 Woche im Kühlschrank durchziehen lassen.

4 Wenn das Wetter gut ist, das Eingelegte mit Terrine, Käse, Brötchen und einem guten Wein einpacken und an einem schönen Platz im Freien genießen.

Getränkeempfehlung: Gewürztraminer für Weißweinfans, Merlot für Rotweinfans, roten Shiraz-Sekt für beide.

No woman, but Meat Pie: Er ist das Herzstück der »australian mateship« und wird klassisch mit den Kumpels auf der Mauer oder im Outback-Pub Seite an Seite mit dem Road-Train-Piloten angebissen – Zunge verbrennen ist dabei Ehrensache.

Für 4 große oder 8 kleine Pies

Für den Pie-Teig:
100 ml Wasser
100 ml Milch
1 TL Salz
150 g Butter
500 g Mehl

Für die Füllung:
800 g Schmorfleisch vom Rind
(aus Keule oder Schulter)
1 Zwiebel
100 g Räucherspeck
4 EL Öl
400 ml klare Brühe
2 EL Worcester-Sauce
2 EL Mehl, 5 EL Bier

Außerdem:
Salz, Pfeffer
Mehl zum Ausrollen
4 bzw. 8 runde Pieformen
(Durchmesser etwa 15 bzw. 8 cm)
Butter für die Formen
Eigelb zum Bestreichen
Tomato-Sauce (australisch für
Tomaten-Ketchup)

1 Das Wasser mit Milch, Butter und Salz aufkochen. Sofort zum Mehl gießen, alles glatt verkneten und zugedeckt beiseite stellen.

2 Das Fleisch in 1 cm große Würfel schneiden. Die Zwiebel schälen und wie den Speck würfeln. Fleisch portionsweise im Öl anbraten, bei der letzten Portion Zwiebeln und Speck mitbraten. Fleisch salzen, pfeffern und mit Worcester-Sauce in der Brühe eine Stunde zugedeckt köcheln lassen. Mehl mit Bier verrühren und neben der Kochstelle ins Ragout rühren. Alles aufkochen und völlig abkühlen lassen.

3 Zwei Drittel Teig auf bemehlter Fläche 5 mm dick ausrollen. Daraus 4 bzw. 8 Kreise ausschneiden, deren Durchmesser 4 bzw. 2 cm größer als die Formen sind. Diese buttern und mit Teig auskleiden. Zu drei Vierteln mit dem Fleisch samt Sauce füllen und den überstehenden Teigrand darüberschlagen.

4 Ofen auf 160°C vorheizen (Umluft 140°C, Gas Stufe 1-2). Übrigen Teig ausrollen und 4 bzw. 8 Pie-Deckel ausschneiden. Pie-Ränder mit Eigelb bestreichen, Deckel daraufsetzen und andrücken. Die Pies mit Eigelb bestreichen, in 1 Stunde knusprig backen und 10 Minuten im ausgeschalteten geöffneten Ofen ruhen lassen. Mate´s Meat Pie mit Tomato-Sauce servieren.

Getränkeempfehlung: eiskaltes Aussie-Bier der besseren Sorte wie James Boag's, Coopers oder Hahn. Wein? Dann aber bitte einen Shiraz mit viel, viel Power.

fleischpastete für wahre frauen

girl´s pc pie

Es wird zwar immer noch gerne von der »mateship« als Urmaterie der australischen Gesellschaft gedröhnt, doch die treibende Kraft in ihr geht immer mehr von den Frauen aus. Auch den Meat Pie haben sie inzwischen aufgepeppt zum »pc pie«, dem »politically correct pumpkin chicken pie«.

6 Hähnchenbrustfilets ohne Haut und Knochen
50 ml trockener Sherry
3 EL Sojasauce
1 EL Currypulver
1 TL Speisestärke
200 g Kürbisfleisch
4 Lauchzwiebeln
3 EL Butter
3 EL Mehl
200 ml Hühnerbrühe
200 ml trockener Weißwein
Salz, Pfeffer

Außerdem:
1 Portion Pie-Teig (Rezept 62)
Mehl zum Ausrollen
4 bzw. 8 runde Pieformen
(Durchmesser etwa 15 bzw. 8-10 cm)
Butter für die Formen
Eigelb zum Bestreichen

1 Hähnchenbrustfilets würfeln; aus Sherry, Sojasauce, Currypulver und Stärke eine Marinade rühren, Hähnchenwürfel darin 30 Minuten ziehen lassen. Das Kürbisfleisch würfeln. Lauchzwiebeln putzen, waschen, in Ringe schneiden und beides in Butter anbraten. Mehl darin anschwitzen, unter Rühren Brühe und Wein zugießen und 10 Minuten köcheln lassen. Würzen und abkühlen lassen. Dann mit dem Fleisch samt der Marinade vermengen.

2 Den Ofen auf 160°C vorheizen (Umluft 140°C, Gas Stufe 1-2). Die Pastete wie beim Mate's Meat Pie vollenden, mit Eigelb bestreichen und etwa 1 Stunde backen.

Getränkeempfehlung: ein Woodened Chardonnay oder ein Pinot Noir.

kid´s meat pie

fleischpastete für echte jungs und mädchen

Kinder sind kleine Götter in Australien, die meistens kriegen, was sie wollen. Zum Beispiel einen Meat Pie, der ganz alleine für sie gemacht wurde.

Für die Füllung:
1 Zwiebel
800 g Hackfleisch, 4 EL Öl
4 EL Tomatenmark
3 EL Mehl
400 ml klare Brühe
150 g tiefgekühlte Erbsen
Salz, Pfeffer

Außerdem:
3/4 Portion Pie-Teig (Rezept links)
Mehl zum Ausrollen
4 bzw. 8 runde Pieformen
(Durchmesser etwa 15 bzw. 8-10 cm)
Butter für die Formen
300 g Kartoffeln
3 Eigelb
Tomato-Sauce (australisch für
Tomaten-Ketchup)

1 Die Zwiebel schälen und würfeln. Hackfleisch im Öl portionsweise anbraten, zuletzt Zwiebel und Tomatenmark mitbraten. Mehl darin anschwitzen, Brühe samt Erbsen (einige aufheben) unter Rühren zugeben und 15 Minuten köcheln lassen. Salzen, pfeffern und abkühlen lassen.

2 Die Formen wie beim Mate's Pie mit Teig auskleiden. Kartoffeln schälen, vierteln und in Salzwasser weichkochen. Abgießen, ausdampfen lassen und durch die Presse drücken. Mit 2 Eigelb verrühren und in einen Spritzbeutel mit Sterntülle füllen. Ofen auf 160°C vorheizen (Umluft 140°C, Gas Stufe 1-2). Formen füllen, Kartoffelmasse daraufspritzen, mit Eigelb bestreichen und mit Erbsen verzieren. Den Kid's Pie 1 Stunde backen und mit Tomato-Sauce servieren.

Getränkeempfehlung: Ginger Beer (hat natürlich keinen Alkohol).

Bushfood – Mit der Wüste leben

Wie lange muß ein Känguruh im Erdloch backen, um gar zu werden? »Eine halbe Stunde«, sagt Jampijinpa, der weise Mann des Walpiri-Stammes, dessen Heimat die Tanami-Wüste nordwestlich vom roten Herzen Australiens ist. Hier liegt einer der Glutöfen des Kontinents, in dem schon morgens die Luft über struppigem Spinfex zu flirren beginnt. Wie kann man hier überleben?

Zum Beispiel mit dem 30-Minuten-Känguruh. Wenn es nach einer halben Stunde aus seinem glühenden Erdloch geholt wird, steckt noch aller Saft unter seinem Fell. Wer die Tanami aushalten will, der muß wissen, wie er ohne viel Mühe zu Energie und Flüssigkeit kommt. Muß wissen, wo die Wüste ihre Früchte versteckt hält und wann sie diese preisgibt. Und er muß dieses Wissen in Erzählungen weitergeben, damit seine Nachfahren überleben können.

Seit Generationen haben die Walpiri so ihren Stamm und seine Kultur erhalten, zuletzt auch mit modernen Mitteln. »Regen und Emu«, wie Jampijinpas Name übersetzt lautet, war bereits in den USA, um die Sprache seines Volkes in einem Lexikon festzuhalten. Noch heute muß er bei dem Gedanken daran lächeln, daß er in langen Hosen im winterkalten Amerika saß, während in Australien Hochsommer war. Jetzt aber steht er nur mit einem Lendenschurz um den bemalten Körper in der Wüste vor Alice Springs und erzählt US-Touristen auf organisierten Touren von den Traditionen der australischen Ureinwohner.

Karina ist Führerin im Alice Springs Desert Park, in dem die Tier- und Pflanzenwelt des Red Centre präsentiert wird. Heute will sie über Bushfood sprechen. Mit ihren zurückgekämmten Haaren, der verspiegelten Sonnenbrille und ihrer Khaki-Uniform ist sie nur für den als Aborigine zu erkennen, der es genau wissen will. Es ist furchtbar heiß in der Windstille über dem Park, und außer uns scheint niemand zu dieser Lektion kommen zu wollen. Karina beginnt zu erzählen, wie früher die Eingeborenenfrauen für ein in der Glut gebackenes Brot Akaziensamen zermahlen haben. Dann holt sie unter ihrem Sitz einen Ast hervor, den sie so lange dreht, bis eine gut fingerdicke, fast 10 cm lange Raupe aus einer Öffnung lugt.

Es ist die »witchetty grub«, die in den Wurzeln eines bestimmten Wüstenstrauchs gefunden werden kann. Werden die Larven der Graumotten gebraten, schmecken sie nach Erdnußbutter. Man kann sie aber auch roh aussaugen, was dem Schlürfen einer lebenden Auster nahekommt, auch weil die Raupe ähnlich schmeckt. Wie die Salzwassermuschel ist sie Eiweiß pur, was für die traditionelle Ernährung der Aborigines in der Wüste wichtig war. Heute halten sie sich mehr an die fett- und kohlenhydratreiche »europäische Diät«. Zwar kommen die Frauen nun nicht mehr Mitte 20 in die Wechseljahre, dafür sind Diabetes und Alkoholprobleme Volkskrankheiten. Und die Bushfood-Tradition geht langsam verloren.

Auch wenn die jüngste Geschichte bei den Demonstrationen der Aborigine-Kultur im Red Centre kein Thema

ist, läßt sich hier besonders deutlich sehen, daß die meisten Ureinwohner ihrem Kontinent fremd geworden sind. Als die Europäer vor gut 200 Jahren begannen, Australien zu besiedeln, sahen sie in dem Urvolk eher Tiere als Menschen. Erst gegen Ende dieses Jahrhunderts bemerkten sie, daß sie es mit einer Kultur zu hatten, die auch ohne Bücher und Tempel eine uralte Überlieferung und beeindruckende Kultstätten besaß. Zu spät, damit diese Kultur auf natürliche Art am Leben bleiben konnte. Zu spät auch für manche einst in dem rauhen Kontinent verhungerte Siedler, um aus den Überlebensstrategien zu lernen, mit denen sich hier jeder Stamm auf seine Region eingestellt hatte.

Doch Karinas Stamm, der in der Nähe von den Arrente-People Uluru genannten Ayers Rock lebt, versucht auch weiterhin Rituale wie die Bushfood-Suche zu pflegen: das morgendliche Losziehen der Mütter und Kinder in kleinen Gruppen zu den Ernteplätzen für Yamwurzeln und Buschtomaten; die richtige Behandlung der Ausbeute vor dem Verzehr; die Erzählungen, in denen dieses Wissen an die nächste Generation weitergegeben und über die »songlines« auch an Durchwandernde vermittelt wurde. Rund 150 eßbare Pflanzen und Tiere kennen die Eingeborenen im Red Centre, von trüffelähnlichen Pilzen im roten Sand bis zu auf bestimmten Blättern sitzenden Insekten. Ein Mensch braucht hier 25 Quadratkilometer Wüste für sich, wenn er sich von ihr ernähren will. Rezepte, Gerichte, feste Essenszeiten – wenn sich Energie und Wissen nur auf das Sammeln von Eßbarem konzentrieren, dann sind solche Begriffe Fremdworte.

Das änderte sich, als das neue, selbstbewußte Australien Anfang der achtziger Jahre auf seine Urzutaten aufmerksam wurde. Der Pionier Vic Cherikoff schrieb populäre Bücher über Bushfood und stieg in den Handel damit ein. In vielen Regionen schlossen sich Gastronomen, Umweltschützer und Aborigines-Gemeinschaften zu Projekten wie z.B. »Basically Wild Edible Art« in Queensland zusammen und hofften auf eine neue, ur-australische Küche. Auch die In-Lokale in den Metropolen waren vom Ur-Fieber erfaßt und setzten in Baumrinde gegarten Lachs auf die Karte. Mit den Red Ochre Grills entstand sogar ein kleine feine Kette von Bushfood-Lokalen.

Doch bis in die Supermärkte und damit auf den Tisch des Durchschnittsaustraliers schafften es die wilden Zutaten nie. Schließlich wendete sich die Food-Szene wieder anderen Trends zu. Geblieben ist ein harter Kern von Überzeugten, die in der Bushfood-Idee mehr als nur einen weiteren Farbklecks auf der bunten Speisekarte Australiens sehen. Wer einmal auf Bushfood-Safari im Red Centre war, gibt ihnen recht. Da ist plötzlich das Grün in der Felsspalte des Uluru mehr als nur ein schöner Kontrast zum Sandsteinrot des Felsens, und auch anderswo sieht man Leben, wo vorher nur Wüste und Leere war. Plötzlich ist der Kontinent mehr als nur Abenteuerspielplatz für Fernwehgeplagte, dessen Metropolen versuchen, so weltstädtisch wie möglich zu sein. Plötzlich ist einem die Wildnis ein wenig vertraut. Und dann beginnt die Magie Australiens zu wirken. Langsam, aber intensiv. Der Beginn einer Verzauberung auf Lebenszeit. Und vielleicht sogar darüber hinaus.

bushtomato curry with melons
tomatencurry mit melonen

Das jüngste Rezept in diesem Buch. Es entstand am Lagerfeuer, als wir bei einer Tour durchs Red Centre auf Buschtomaten gestoßen sind – getrocknet, denn nur so sind sie genießbar und entfalten ihr überwältigendes leicht bittersüßes Aroma. (Daß manche giftig sind, erfuhren wir später.)

1 Handvoll getrocknete
Buschtomaten (oder 3 EL
gemahlene), siehe Seite 88
1-2 aromatische, gelbfleischige
Melonen
1 Bund Lauchzwiebeln
3 EL Öl
1 EL Currypulver
1 Dose geschälte Tomaten
(etwa 800 g)
etwa 1/2 Blechtasse Sweet Chili
Sauce (oder 1/8 l)
1 EL getrocknete australische
Buschminze, siehe Seite 88
1 TL gemahlene australische Lemon
Myrtle, siehe Seite 88
Salz, Pfeffer

Außerdem:
1 Camp Oven
(australischer Gußeisentopf
zum Garen und Backen überm
Lagerfeuer und in der Glut)
1 Lagerfeuer

1 Die Buschtomaten auf einem großen, flachen Stein mit einem kleineren Stein fein zerstoßen (oder im Mörser). Melonen halbieren, entkernen und in Spalten schneiden. Die Schale entfernen und das Fleisch in Stücke schneiden. Lauchzwiebeln putzen, waschen und in Stücke schneiden.

2 Die Lauchzwiebeln im heißen Camp Oven in Öl anbraten. Curry sekundenlang mitbraten, dann die Dosentomaten samt Saft, Chili-Sauce, Buschtomaten und Kräuter zugeben. Mit Salz und Pfeffer würzen und in 10 Minuten einkochen lassen. Zuletzt die Melonen einige Minuten darin ziehen lassen.

Variation: Und so geht es zu Hause: zwei Handvoll getrocknete, aber nicht eingelegte europäische Tomaten im Mixer oder Mörser fein mahlen, die Buschminze durch gängige Minze und Lemon Myrtle durch Zitronengras oder Limettenschale ersetzen. Dann alles wie oben garen – nur im Kochtopf und auf dem Herd.

Getränkeempfehlung: klares Wasser, Woodened Chardonnay oder ein Pinot Noir.

tasmanian salmon with paperbark

tasmanischer lachs in baumrinde gegart

Paperbark ist eine spezielle feuchte Baumrinde, in der Aborigines empfindliche Zutaten fürs Garen in der Glut einwickeln – so bleiben der lebenswichtige Saft und der Geschmack erhalten. Klappt aber auch wunderbar im Ofen mit doppelt gelegtem, angefeuchtetem Pergamentpapier.

Für 4-6 Personen

1 TL Limettensaft
1/2 TL frisch gemahlener schwarzer Pfeffer
1/2 TL gemahlene Lemon Myrtle oder gemahlenes Zitronengras, siehe Seite 88
1 TL Meersalz
1 küchenfertige frische Lachsseite mit Haut (700-800 g)
2 Handvoll Portulak (oder Blattspinat)
1 Blatt Paperbark (etwa 50 x 25 cm), ersatzweise Pergamentpapier
Küchengarn

1 Den Limettensaft mit Pfeffer, Lemon Myrtle und Meersalz verrühren. Vom Lachs alle weißen Abschnitte sowie das flache Ende abschneiden und mögliche Gräten ziehen. Die Fleischseite mit dem Kräutersalz einreiben und 15 Minuten bei Zimmertemperatur liegen lassen. Den Portulak waschen, trockenschütteln und gründlich putzen.

2 Den Ofen auf 200°C vorheizen (Umluft 180°C, Gas Stufe 3). Die Paperbark ausbreiten und lose Fasern entfernen. Die Lachsseite mit der Haut nach unten darauflegen, mit den Portulakblättern bedecken und diese gut festdrücken.

3 Die Paperbark übers Kopf- und Schwanzende des Filets falten und es dann von der Seite her darin einrollen. Das Paket mit Küchengarn verschnüren und den Lachs mit der Hautseite nach unten aufs Backblech setzen.

4 Den Lachs im heißen Ofen auf der mittleren Schiene 15 Minuten garen. Dann den Ofen ausschalten, die Tür öffnen und den Lachs weitere 15 Minuten nachgaren lassen. Das Paket am Tisch öffnen, die Portulakblätter entfernen und den Lachs aufschneiden.

Getränkeempfehlung: Woodened Chardonnay oder ein gut gereifter Sémillon.

barbecue de luxe

wenn feinschmecker grillen

Nichts ist typischer für Australiens Küche als das Barbecue – auch deswegen, weil es gar nicht in der Küche stattfindet. Lagerfeuerromantik ist ihm heute allerdings so fern, wie es die großen Städte dem Outback sind. Selbst im Schatten von Uluru wird auf der geheizten Grillplatte gebrutzelt.

Für 4-6 Personen:

1 EL Sesamsamen
1/8 l Pflanzenöl
1 EL Sesamöl
1 EL Sojasauce, 1 EL Honig
1 EL Limettensaft
4 Känguruhsteaks à 150 g
(oder Hirschrücken)

2 Knoblauchzehen
70 ml Olivenöl
4 EL Aceto balsamico
5 EL Tomaten-Ketchup
reichlich schwarzer Pfeffer
4 Rindersteaks à 200 g

Außerdem:
1 Knoblauchknolle
4 Zwiebeln
2 Limetten
1 Bund Rosmarin
4 Maiskolben, Salz
1 kleiner Kürbis (etwa 500 g)
2 Handvoll große Champignons
1 Handvoll kleine Strauchtomaten
(rot und grün)
Öl zum Grillen

1 Den Sesam in der Pfanne zart anrösten, mit allen Zutaten bis zu den Känguruh-Steaks zur Marinade verrühren, diese darin einlegen. Knoblauch schälen, hacken, mit allen Zutaten bis zu den Rindersteaks verrühren, diese darin einlegen. Beides 12 Stunden im Kühlschrank marinieren, öfters wenden.

2 Knoblauchknolle quer halbieren. Zwiebeln schälen und in Ringe schneiden. Limetten waschen und halbieren. Rosmarin waschen, Gemüse waschen und trockentupfen. Mais von Hüllblätter und Fäden befreien, in Salzwasser 10-15 Minuten garen und teilen. Kürbis halbieren, entkernen und in 1 cm dicke Scheiben schneiden. Pilze entstielen.

3 Grill anheizen, mit Öl bestreichen und fürs Aroma Knoblauch und Rosmarin daraufgeben. Steaks abtropfen lassen, würzen und je Seite 1 Minute anbraten. Dann an einer weniger heißen Stelle unter Wenden fertigbraten – in gut 4 Minuten sind sie medium rare, in 6-7 Minuten medium, in 10 Minuten durchgebraten (was oft Aussie-Standard ist). 5 Minuten neben dem Grill ruhen lassen.

4 Nebenbei Gemüse würzen und garen. Zwiebelringe unter Wenden an der Seite des Grills 10 Minuten bräunen lassen. Kürbis und Maiskolben auf jeder Seite 2 Minuten grillen. Champignons und Tomaten 5 Minuten schmoren lassen.

Getränkempfehlung: eiskaltes Bier (von Coopers oder James Boag's) oder ein kräftiger Shiraz (z.B. vom McLaren Vale).

Hunter Valley - Australiens Weinwunder von Nahem betrachtet

Das Hunter Valley ist das Glückskind unter Australiens Weinregionen, verwöhnt durch ein besonderes Klima und wegen seiner Nähe zu Sydney auch in schwieriger Zeit nie ganz alleine gelassen. Und so ist es ihm rechtzeitig zum Jahrtausendwechsel gelungen, nach einer jahrelangen Durststrecke wieder zur interessanten Weingegend zu werden. Ein guter Fleck also, um das Auf und Ab des australischen Weinwunders aus der Nähe zu betrachten.

Als 1788 die »First Fleet« mit den ersten britischen Sträflingen und einigen südafrikanischen Reben an Bord in Sydney Cove anlegte, lag das Hunter Valley noch unberührt zwischen Pazifik und mit Eukalyptus bewachsenen Anhöhen. Gut 40 Jahre später entdeckte George Busby, Australiens Urvater des Weinbaus, die Gegend für die ersten Weingärten des Kontinents im größeren Stil. Zwar war es hier 160 Kilometer nördlich von Sydney im Grunde viel zu warm für sein Projekt. Doch die Kalk- und Lehmböden sowie ein besonderes Mikroklima brachten ihm und seinen Nachfolgern hier trotz der subtropischen Verhältnisse Erfolg.

Und Sydney war schnell stolz auf diesen Weingarten vor – nach australischen Maßstäben – seiner Haustür und kümmerte sich wenig darum, daß Mitte des 19. Jahrhunderts auch in Victoria sowie in Süd- und Westaustralien der Weinbau anlief. Und so genügte »The Hunter« lange sich selbst. Der Kohlebergbau machte es reich, und es gönnte sich den Luxus, große Teile seiner Flächen als Viehweiden zu nutzen. Auch Murray Tyrell, der Patriarch des berühmtesten Weinguts der Gegend, kümmerte sich am Anfang seiner Karriere lieber um Viehzucht. Erst 1959 entdeckte er 38-jährig den Weinmacher in sich und veränderte in den nächsten 20 Jahren die Landschaft des australischen Weinbaus entscheidend.

Mit dem Vat 47 präsentiert Tyrell 1971 den ersten für den Handel angebauten Chardonnay des Kontinents und löste mit dem hochwertigen, im Faß ausgebauten Wein den bis heute andauernden Chardonnay-Boom in Australien aus. Ebenso gilt er »down under« als Pionier für den Anbau des Pinot Noir. Das Tyrell-Gut in Pokolbin ist auch sonst ein Stück Weinbaugeschichte: Da steht noch die Bretterhütte, mit der 1858 hier oben alles begann. In einem offenen Lagerschuppen liegen wie seit hundert Jahren rohe Holzfässer auf einem leicht abgesenkten Lehmboden. Weinkeller sind in Australien bis heute unüblich, die Konservierung des Weins ist die Regel. Wenn man die moderne Weinhalle betritt, steht die Gegenwart vor einem: gewaltige Kühlkessel dicht an dicht, aus denen der Großteil der 500-600.000 »cases« kommt, die hier pro Jahr produziert werden – vom Spitzen- bis zum Massenwein.

Wer von hier aus über das Tal blickt, sieht nicht das von Europa gewohnte Bild einer Weinbauregion: die Brockenback Range mit ihrem Dschungel von Eukalyptus zeichnet sich dampfend hinter den Rebenreihen ab, zwischen denen öfters Känguruhs grasen. »Wir brechen mit unseren Erfolgen die meisten Regeln großer Weingegenden«

sagt Murray Tyrell, »denn eigentlich ist es viel zu heiß hier. Aber die Kalkerde ist wunderbar trocken und am Abend kommt über die Range eine Brise, die die Trauben abkühlt.« Dazu schützen die oft aufziehenden Nachmittagswolken vor zu starker Sonne, so daß in den guten Hunter-Weinen vor allem die konzentrierte Frucht steckt. Das macht Rote wie den Shiraz ungewöhnlich weich, rund, leicht und elegant, wohingegen der typische Hunter Sémillon ein sehr frischer, grasiger Wein mit Zitruston ist. Anders als viele Sémillons Australiens kann er zu Großem reifen und nach zehn Jahren mit Tönen von Mandel, Honig und getoastetem Weißbrot faszinieren.

Doch in den achtziger Jahren wurden die Besonderheiten des Hunter Valley ihm immer mehr zum Ballast. Zu lange verließen sich zu viele Weinmacher auf den Ruf des Hunter als Chardonnay-Hochburg im Weinparadies Australien und auf Sydney als sicheren Markt. Sie pflanzten die falschen Reben an der falschen Stelle, kamen als Neulinge mit dem speziellen Klima nicht zurecht, versuchten die Erträge nach oben zu treiben. Viele große Weingüter kauften aus anderen Gegenden dazu und ließen gleichzeitig den Namen »Hunter Valley« immer mehr vom Etikett verschwinden. »The Hunter« war für Sydneysider nun eher ein hübsches Ziel für einen Landausflug, nach dem man mit einer Kiste Wein für alle Tage wieder gegen Süden brauste. Zurück blieb eine Weingegend ohne Identität und mit immer weniger Qualität. Selbst die traditionsverbundene Tyrell's mußte sich nun schlechte Kritiken gefallen lassen, während die guten Schagzeilen weiter südlich gemacht wurden.

Im Barossa Valley etwa, das mit seinen vollmundigen Shiraz und Sémillon ebenso wie die Regionen in Western Australia mehr den Geschmack der Zeit traf. Oder im Yarra Valley mit seinen Pinot Noirs und im Clare Valley mit seinen wiederentdeckten Rieslingen. Dem Versuch, darauf mit Shiraz-Granaten im Barossa-Stil oder buttrigen Chardonnays zu reagieren, hielten die leichtgewichtigeren Hunter-Weine nicht stand. Und fast wären bei dieser Aktion auch noch die treuesten Fans der alten Dame vertrieben worden, die Chefs der Restaurants in Sydney.

Denn dort werden gute Hunter Weine weiterhin wegen ihrer Leichtigkeit und Intensität geschätzt, weil sie so gut zur neuen Küche Australiens nach dem Motto »flavour with lightness« passen. Auf diese natürliche Stärke setzen nun die neuen, jungen Winzer im Tal, unter anderem auch Murray Tyrells Sohn Bruce, der nun das Gut leitet. Sie wissen, daß sie keine Wunderweine schaffen können, die in Blindverkostungen die Toplagen der kühleren Regionen schlagen können. Doch im offenen Wettbewerb bei Tisch ziehen die Hunter-Weine der neuen Generation wieder ganz nach vorne. Und dazu paßt der für Australien noch frische Trend, daß eine Region an ihren besten und typischsten Produkten gemessen wird und nicht daran, wie gut sie anderen Vorbildern nacheifert.

Ian Burgess und Debra Moore besitzen mit dem Gut Moorebank eines der jüngsten im Hunter Valley. Die Biografie des Winzerpaares ist typisch für die neue Genera-

tion: Sie stammt aus einer der ältesten Familien im Valley, die hier 1860 mit dem Weinbau begann. Er war Kellermeister bei einem der Giganten im Tal und dachte sich in den Siebzigern: Das kann ich noch besser machen. Das Paar kaufte sechs Hektar erstklassiges, aber unter Wert genutztes Land und hatte von Anfang an das Ziel, aus diesem Flecken Erde das Bestmögliche zu holen. Die idealen Reben für den Standort, handgelesene Trauben, sanfte Pressung und perfekte Kellerarbeit sind dabei ihre Standards.

Doch außerdem ist ihnen ein sauberes, sprich umweltfreundliches Arbeiten für ihren Wein wichtig. »Ganz ohne Hilfsmittel geht es in diesem Klima zwar nicht«, sagt Ian, während er die ersten Flaschen für eine Weinprobe entkorkt, »weswegen wir unsere Weine auch nicht Bioweine nennen dürfen.« So ist Moorebank eben einfach nur ein kleines feines Gut, das allerdings mit Kompost und Mulch statt mit Chemiedünger und Unkrautvernichtungsmitteln seine handverlesene Auswahl edelster Weine macht.

Wenn Ian in seiner Probierstube hinter der Theke steht, mit sicherem Griff zwei Gläser umfaßt und den Wein mit lässiger Grandezza in die Gläser gießt, merkt man, wie wohl sich der Kellermeister in seiner neuen Umgebung fühlt. Mit professioneller Leidenschaft pflegt er das Weingespräch, dann folgen Schweigen, Kreisen, Schnüffeln, schließlich der erste Schluck – wow! Die jungen Chardonnays und Sémillon-Weine besitzen ein enormes Potential, der reine Merlot beeindruckt mit einem inten-

siven Beerenton und leichter Finesse, doch die größte Überraschung ist der fürs Hunter rare Gewürztraminer: Früh geerntet hat er ein herbes, leicht an Wiesenblüten erinnerndes Bouquet und ist in seiner trockenen Würze sehr ausgewogen. »Der ist wirklich ein Teufelskerl«, sagt der stolze Winzer, »verträgt sich bestens mit leichten, aber scharfen Gerichten wie denen der Thai-Küche.« Aufgepaßt also, ihr Köche in Sydney.

Noch ein Nachsatz zum Essen: Weiterhin gültig bleibt, daß das Hunter Valley eines der schönsten Ausflugsziele für Gourmets in New South Wales ist. Auf jeden Fall sollten diese die Hunter Valley Cheese Company besuchen, in der Käsemeisterin Rosalia Lambert eine erstaunliche Auswahl vom in Asche gereiften Ziegenkäse bis zum deftigen Pokolbin Rotschmier herstellt. Und wer es sich ganz gut gehen lassen will, macht Station im Pepper Tree Convent, einem edlen Landhotel im australischen Jugendstil. Es wurde 1990 aus dem hohen Norden vor dem Abriß hinunter ins Hunter Valley gerettet, wo es jetzt in den Weingärten steht. Im prächtig rustikalen Saal von Robert's Restaurant servieren Robert und Sally Molines beste französische Landhausküche mit mediterranen und modernen australischen Einflüssen. Und der Chef ist glücklich, mit Gleichgesinnten über seine europäische Heimat zu parlieren.

lamb with macadamia nuts

lammkoteletts mit macadamiakruste

Wer Lammfleisch liebt, kann down under noch jenes echte Aroma entdecken, das Europas Magerlämmern weitgehend ausgetrieben wurde. Hier wird es im Stil der neuen Landhausküche mit Macadamia-Nüssen, einer spicy Paprikacreme und Süßkartoffelpüree serviert.

Für die Sauce:
2 rote Paprikaschoten
2 Knoblauchzehen
1 getrocknete Chilischote
2 EL Butter
2 EL schwarze Bohnen,
siehe Seite 88
8 EL dunkle chinesische Sojasauce
1/2 TL Kreuzkümmelsamen
1/2 TL Fenchelsamen
Salz, Zucker

Für das Fleisch:
100 g Toastbrot
100 g Macadamia-Nüsse
100 g Butter
2 EL gehackte Petersilie
1 EL gehackte Minze
8 Lammkoteletts à 100 g
1 EL Olivenöl, Salz

Außerdem:
250 g Süßkartoffeln
250 g vorwiegend festkochende
Kartoffeln, Salz
4 Lauchzwiebeln
70 ml Olivenöl
70 g Butter

1 Für die Sauce die Paprikaschoten waschen, trockentupfen und putzen. Das Fruchtfleisch in Stücke schneiden. Den Knoblauch schälen und würfeln, die Chilischote zerbröseln. Alles in Butter andünsten und mit Bohnen, Sojasauce und Gemüse in 8 Minuten weichdünsten. Das Paprikagemüse pürieren und durch ein Sieb streichen.

2 Das Toastbrot in Stücke schneiden und die Nüsse grob hacken, dann beides im Mixer fein hacken. Die Butter aufschäumen lassen, etwas abkühlen lassen und mit der Brot-Nuß-Mischung vermengen. Die Kräuter zugeben und die Paste salzen.

3 Fürs Püree die Knollen schälen und in Stücke schneiden. Die Lauchzwiebeln waschen, putzen und in 4 cm große Stücke schneiden. Kartoffeln in Salzwasser in etwa 15 Minuten weich kochen. Öl und Butter (einen Eßlöffel zurücklassen) erhitzen, Lauchzwiebeln darin 5 Minuten garen, dann herausnehmen. Kartoffeln abgießen, stampfen und das heiße Zwiebelfett darunterschlagen.

4 Die Koteletts salzen und pfeffern, im Öl je Seite 1 Minute braten und neben dem Herd 5 Minuten stehen lassen. Dann mit der Nußpaste bestreichen und unter dem Grill 5 Minuten überbacken. Lauchzwiebeln in der Butter und die Paprikacreme samt Fleischsaft erhitzen. Beides mit dem Püree zu den Koteletts servieren.

Getränkeempfehlung: Cabernet-Sauvignon oder ein Shiraz.

wattleseed pancakes

pfannkuchen nach bushfood-art

Im Aroma haben die fein zerstoßenen Samen des australischen Victoria-Wattlebush etwas von Kakao, Kaffee und Haselnuß. Und das macht sie für den europäischen Geschmack besonders interessant. Dazu schmeckt Rohrzuckersirup, in Australien »Cocky's Joy« genannt.

4 Eier, 2 Eigelb
80 g Mehl
1 TL Backpulver
1 gehäufter EL gemahlene
Wattleseeds
100 g saure Sahne
1/8 l süße Sahne
mindestens 100 g Rohrzuckersirup, ersatzweise Honig
Salz
50 g Butter

1 Die Eier trennen und die Eigelbe verrühren. Das Mehl mit dem Backpulver und den Wattleseeds vermischen. Dies mit den Ei- gelben zu einer glatten Masse vermengen, dann die saure Sahne, fünf Eßlöffel süße Sahne und vier Eßlöffel Rohrzuckersirup un- terrühren. Den Teig 30 Minuten quellen lassen.

2 Den Ofen auf 80°C Grad (Umluft 70°C, Gas Stufe 1/2) vorhei- zen. Die Eiweiß mit einer Prise Salz steifschlagen, dann die übri- ge Sahne steifschlagen. Die Schlagsahne und den Eischnee unter den Teig heben.

3 Etwas Butter in einer Pfanne aufschäumen lassen und je Pan- cake zwei bis drei Eßlöffel Teig hineingeben und etwas verstrei- chen. Die Pancakes auf jeder Seite in 1-2 Minuten goldbraun backen und übereinandergelegt im Ofen warm halten, bis alle fertig sind. Die Pancakes mit reichlich Sirup genießen.

Getränkeempfehlung: Cappuccino – mit Rohrzucker gesüßt und mit Wattleseeds bestreut. Oder eine Blechtasse voll Lagerfeuer- kaffee aus der Dose, z. B. International Roast.
Oder edler: ein australischer Muscat, Port oder Tokay.

anzac biscuits

australiens veteranenkekse

Selbst dem Militär gewinnen die Australier noch eine leichte Seite ab. So haben sie ihre berühmtesten »bikkies« nach dem im 1. Weltkrieg geformten Australian and New Zealand Army Corps (A.N.Z.A.C.) benannt. Hier ein altes australisches Familienrezept – denn auch sowas gibt es »down under«.

150 g Haferflocken
120 g Weizenmehl
70 g Kokosraspel
180 g Zucker
125 g Butter
1 EL Rohrzuckersirup
(muß rein bei diesem Rezept!)
1 1/2 TL Soda (gibt's
in der Apotheke)
Butter für die Bleche
Mehl zum Formen

1 Die beiden Mehlsorten mit den Kokosraspeln und dem Zucker vermischen. Die Butter mit dem Sirup schmelzen. Soda in 2 Eßlöffeln kochendem Wasser auflösen und mit der Butter verrühren.

2 Den Ofen auf 150°C vorheizen (Umluft 140°C, Gas Stufe 1). Die trockenen Zutaten mit der heißen Buttermischung zum glatten Teig vermengen. Die Bleche buttern und in 4 cm Abstand je einen Eßlöffel Teig daraufsetzen. Diese mit einer in Mehl gewendeten Gabel flachdrücken.

3 Die Anzac Biscuits im heißen Ofen 10-15 Minuten backen, bis sie goldbraun sind, und über Nacht auf einem Gitter völlig auskühlen lassen. Dann in der »bikkie tin« (australisch für Keksdose) aufbewahren. Am besten schmecken sie eine Woche nach dem Backen, am liebsten werden sie am 25. April gegessen – dem Anzac Day.

Getränkeempfehlung: eine Tasse bester Darjeeling Tea oder für echte Patrioten australischer Schwarztee.

food of oz

australiens küche im detail

Food of Oz

Wer in Australien gut kochen will, kann aus dem Vollen schöpfen. Das besondere Klima, die warmen Küstengewässer, das europäische Erbe, die Einwanderer aus dem Mittelmeerraum und Asien – all das hat den Kontinent zum buntesten Marktplatz der Welt gemacht. Seine Produzenten, Händler und Genießer sind dabei überzeugt, daß »100% Australian« das beste Gütesiegel ist. Und der gute Geschmack gibt ihnen oft recht. Thunfisch-Sushi mit eingelegtem Ingwer, ein mit Olivenöl angesetzter Scampi-Risotto, das mit Buschtomaten geschmorte Känguruh, Stilton und Port – für dieses Menü muß heute niemand mehr den Kontinent verlassen.

Die typischen australischen Produkte im Überblick

Seafood

Gewässer vom tropischen Norden bis in subarktische Regionen versorgen den Kontinent mit einer großen Auswahl an Seafood. Einer der edelsten Fische ist der zwischen Salz- und Süßwasser pendelnde Barramundi, der nur beschränkt in den Küstengebieten des Northern Territory (die beste Fangregion), Teilen Westaustraliens und Queenslands gefangen werden darf. Atlantic Salmon und die verwandte Ocean Trout werden in den klaren Gewässern Tasmaniens gezüchtet. Weitere Spezialitäten sind der Ling, Flathead und der besonders feine Whiting sowie John Dory (St.Pierre), weitverbreitet sind Snapper und Silver Bream. Thunfisch wird meist vor der Ostküste gefangen, Yellowfin Tuna jedoch im Süden und Westen.

Das Prachtstück unter den Krustentieren ist die Mud Crab, die wie die Spanner Crab im Norden gefangen wird. Vor Tasmanien findet man auch Königskrabben.

Kleiner, und an fast allen Stränden zu Hause, sind die Blue Swimmer Crabs. Begriffsverwirrung herrscht bei dem Seafood-Klassiker Australiens, der Languste: Sie wird meist als »rock lobster« oder schlicht »lobster« – Hummer – angeboten, der in Australiens Gewässern nicht vorkommt. Manchmal liest man auch »crayfish«, was Krustentier bedeutet und ein entsprechend vielseitig genutzter Begriff ist. Eine regionale Rarität sind die flachen Balmain Bugs und Moreton Bay Bugs. Prawns sind in allen Farben und Größen von School bis King Prawn zu haben. Daneben gibt es australische Scampi und Süßwasserkrebse (Yabbies, Marrons).

Die in Japans Küche mit Gold aufgewogene Abalone-Muschel wird auch in Australien gezüchtet und gesammelt. Geschätzt werden die Austern und Jakobsmuscheln (scallops) Australiens, auch wegen der günstigen Preise. Tintenfisch gehört zum Standard: Der weiche (Baby-) Oktopus wird im Ganzen gegart, während bei den eher festen Squid und Cuttlefish meist nur die Körper genossen werden.

Fleisch

Das gegrillte Steak und der im Ofen geschmorte Braten sind trotz aller Modernität immer noch australische Ikonen. Fleisch ist »down under« fast immer erstklassig und spottbillig, wobei rote Fleischsorten die Hauptrolle spielen und Kalb sowie Schwein kaum angeboten werden. Australiens Rindersteaks und sein Lammfleisch sind besonders aromatisch. Jedoch: obwohl man kaum Schweinefleisch beim »butcher« sieht, liegt es ebenfalls vorne im Verbrauch – es kommt vor allem als Frühstücksspeck und Wurst (gewöhnungsbedürftig) auf den Tisch. Geflügel spielt eine immer größere Rolle.

Fleischskandale sind im Vergleich zu Europa rar in Australien, was angesichts der Dumpingpreise überrascht – vielleicht liegt es aber auch an der »No-Worries-Haltung« down under? Immerhin wird Biofleisch für Gourmets langsam ein Thema. Auch die Bushfood-Welle konnte nichts daran ändern, daß Durchschnittsaustralier in dem geschmackvollen und mageren Känguruhfleisch eher Futter für Hunde und Touristen sehen. Fleisch vom Büffel, Krokodil oder Emu überlassen sie ebenfalls lieber abenteuerlustigen Urlaubern aus Übersee.

Früchte

Auf ihre Obstpalette sind Australier so stolz wie auf ihr Angebot an Seafood. Es reicht von tropischen Mangos aus dem Norden (18 Arten gibt es in Australien) bis zu den Äpfeln Tasmaniens (dem Geburtsort des Granny Smith, insgesamt gibt es 200 Sorten »down under«).

Weitere Hits sind Bananen, die auch als Ladyfingers im aromatischen Miniformat beliebt sind, und Orangen. Der Darling der Küche ist aber die Passionsfrucht, die zur legendären Pavlova (Eiweißgebäck mit Sahne und Früchten) genauso gehört wie zu den Desserts der Mod Oz Cuisine. Die Kiwi wird als weltweit gefeierte Eingeborene Neuseelands stillschweigend genossen.

Exoten wie Lychees, Mangostane, Nashi, Papaya, Rambutan oder Tamarillos gehören genauso zum Alltag wie viele Süd- und Zitrusfrüchte (besonders Limetten), Ananas sowie die Klassiker Mitteleuropas. Angeboten werden sie alle (gemeinsam mit Gemüse) meist in großen Fruchthallen (Fruitmarkets), dem Gegenstück zu den gigantischen Plantagen der Pflanzerindustrie.

Gemüse

Die Klassiker aus englischen Gemüsegärten müssen in den Fruitmarkets immer mehr mediterranem und asiatischem Gemüse Platz machen. Kürbis und Rote Bete halten zwar weiterhin die Stellung, auch viele Wurzel- und Kohlgemüse sind beliebt. Doch Tomaten, Auberginen und Paprika sind genauso präsent. Und chinesisches Grün (Bok choi bzw. Paksoi, Choi sum etc.) oder Schlangenbohnen haben ihren festen Platz im Regal. Je nach Saison gibt es außerdem Artischocken, Auberginen, Bittermelonen, Maiskolben, Mangold, Pilze – die Palette reicht von Champignon bis Enoki –, Radieschen, Spargel (grün), Süßkartoffeln oder Zuckerschoten, alles frisch und gut. Kartoffeln sind »in« und in den Städten als österreichische Kipfler oder französische Ratte zu haben. Und inzwischen werden sogar schwarze Périgord-Trüffeln in Tasmanien gefunden.

Bushfood

Zwar gelten auch Känguruh und Barramundi als Bushfood, doch hier geht es nur um die wilden Urpflanzen und -früchte des Landes. Sie waren für Jahrtausende Grundnahrungsmittel der Aborigines vom Red Centre bis zu den Regenwäldern und wurden mit der kulinarischen Revolution wiederentdeckt.

Die Samen vieler Wüstenpflanzen (Mulga-Bäume, Flinders Grass) können für Mehle und zur Würze verwendet werden. Am populärsten sind die aromatischen Samen der Victoria Wattle, Wattleseeds genannt. Das berühmteste Bushfood jedoch sind Macadamianüsse, die erst weltbekannt wurden, als clevere Pflanzer sie nach Hawaii brachten und dort anbauten. Wurzeln von Wildpflanzen werden in der Bushfood-Ernährung als Gemüse

genutzt, wie z.B. Buschkarotten, Buschzwiebeln, oder Yamswurzeln. Buschtomaten oder -rosinen sind Beeren von teilweise gifitigen Nachtschattengewächsen, die nur getrocknet genießbar sind.

Die – meist sehr kleinen – Früchte der Wüste sind besonders intensiv im Geschmack und sehr nahrhaft. Neben wilden Feigen und Pflaumen sind vor allem Quandongs und Riberries sehr aromatisch. Süße geben die Blüten der Honig-Grevilleen und der Rosella. Lemon Myrtle oder Native Peppermint verleihen Würze.

Etwas Spezielles ist die Buschkokosnuß: Ein Insekt setzt seine Larven in Baumrinden, was eine schützende Wucherung des Holzes auslöst. Rechtzeitig geerntet, galten die in diesen »Nüssen« heranwachsenden Larven als Erfrischung bei langen Wanderungen, mit dem Fruchtfleisch als gehaltvollem Imbiß.

Käse

Kein Lebensmittel hat in Australien so rasant Karriere gemacht wie der Käse. Obwohl Milch eine große Rolle in der Ernährung des Kontinents spielt, wurde dort bis in die achtziger Jahre außer industriell hergestelltem Cheddar praktisch kein Käse produziert. Bis der Pionier Richard Thomas 1982 den Gippsland Blue auf den Markt brachte und damit einen Boom startete, der bis heute andauert. Inzwischen produzieren kleine Käsereien und große Fabriken vor allem in Victoria und Tasmanien mehr als 200 Sorten nach Vorbildern aus aller Welt. Cheddar ist weiterhin die Nummer 1, aber Camembert und Brie gehören nun genauso zur australischen Käsepalette wie Blauschimmel- und Rotschmierkäse, Feta und Ziegenkäse.

Stars sind die Ziegenkäse von Gabriella Kervella in Western Australia, die Heidi Farm Cheeses nach Schweizer Vorbild aus Tasmanien, Käse vom King und Kangaroo Island sowie die Farmhouse Cheeses von Gippsland. Sie lassen fast vergessen, daß in Australien die Herstellung von Rohmilchkäsen noch verboten ist.

Typische Aromen und Produkte

Vegemite, eine auf der Basis von Brauhefe und Gemüseextrakten gewonnene Paste, ist die Ikone der australischen Lebensmittelindustrie. Die Kinder des Kontinents werden mit dem Brotaufstrich groß, und der echte Aussie bleibt ihm ein Leben lang treu. Den Rest der Welt erinnert sie oft nicht nur optisch an Wagenschmiere. Tatsächlich aber ist sie mit ihrem intensiven, maggiähnlichen Geschmack den fermentierten Produkten Asiens näher, die inzwischen in Australien viele Gerichte veredeln: fermentierte Sojabohnen (Black beans), im Ganzen konserviert oder als Paste mit Knoblauch abgeschmeckt; diverse Sojasaucen von salzig bis süßlich (wie die indonesische Ketjap manis); Austern- und Fischsauce, Shrimppaste.

Weitere Asia-Aromen in der neuen australischen Küche sind Ingwer und der mildere Galgant (frisch, eingelegt oder gemahlen), Wasabi (japanischer grüner Meerrettich als Paste oder als Pulver zum Anrühren, frisch sehr scharf), Tamarinden-Paste (wird mit Wasser verdünnt), Palmzucker (aus eingedicktem Saft von Palmen), Rohrzuckersirup, Zitronengras, die Kaffirlimette (geschätzt wegen ihrer aromatischen Schale und dem Grün, das frisch und getrocknet angeboten wird), asiatische Minze und Koriander. Die für Sushi genutzten Nori-Blätter werden aus (australischen) getrockneten Algen gewonnen.

Wein

Die Weine Australiens stehlen längst vielen anderen in der Neuen Welt die Schau – und manchmal schlagen sie sogar europäische Klassiker im Blindtest. Da australische Weintrinker vor allem einen verläßlich guten und jungen Trinkwein schätzen, ist das Niveau auf diesem Feld sehr hoch. Wie meist in Übersee setzt man auf konstante Qualität, so daß die Schwankungen zwischen Jahrgängen geringer sind – die Chancen auf einen Weltklasse-Wein aber auch. Doch mit wachsendem Selbstbewußtsein riskieren mehr Weinmacher »down under«, für einen absoluten Spitzenwein alles auf eine Karte zu setzen – auf diese Weise entstand schon einmal der berühmte Grange im Barossa Valley, ein den großen Roten der Welt ebenbürtiger Wein.

Bei den Weißweinen liegt Chardonnay an der Spitze, der meist im Holzfaß ausgebaut wird (»woodened«, im Gegensatz zu »unwoodened«). Adelaide Hills, Margaret River, Mornington Peninsula und Hunter Valley sind die besten Lagen. Erstklassiger Sémillon – die typische weiße Traube Australiens – kommt aus dem Hunter (ohne Ausbau im Holzfaß, langlebig) sowie aus dem Barossa und Clare Valley. Sauvignon blanc von den Adelaide Hills und dem McLaren Vale werden besonders geschätzt; im Kommen sind trockene Rieslinge aus dem Clare und Eden Valley sowie aus Tasmanien. Verdelho aus dem Hunter und Swan Valley spielt ebenfalls eine Rolle, Gewürztraminer (Tasmanien, King Valley) und Pinot Gris (Mornington Peninsula) passen sehr gut zu exotischen Gerichten.

Die Nummer 1 bei den Rotweinen ist der für Australien typische Shiraz, der vor allem im Barossa Valley und im McLaren Vale, aber auch im Hunter Valley erfolgreich angebaut wird. Gute Lagen für Cabernet Sauvignon sind Coonawarra, Margaret River und Mudgee. Pinot Noir gedeiht am besten im Yarra Valley, in Gippsland, auf der Mornington Peninsula und in Tasmanien. Merlot aus Coonawarra und McLaren Vale ist im Kommen.

Außerdem werden in Australien hervorragende Schaumweine (auch aus Rotweinen) und Süßweine wie Boytritis Sémillon und Muscat, Tokay oder auch Port produziert.

Bier

Auch wenn Australiens Biertrinker nicht mehr das sind, was sie mal waren, ist der eiskalte Schluck aus dem »stubbie« (375 ml Flasche mit dem meist drehbaren Kronkorken) immer noch ein wichtiges Stück Lebensart »down under«. Und auch wenn die Image-Macher des Landes es ungerne hören: 126 Liter Bier gegenüber 26 Liter Wein pro Kopf im Jahr 1998 sind ein klares Votum, obwohl sich die Werte von Jahr zu Jahr annähern.

Australisches Bier ist gewöhnlich ein Lager, manche Brauereien bieten bereits Pilsener an. Auf jeden Fall muß es immer sehr, sehr kalt sein und darf im Glas nur wenig schäumen. Jeder Bundesstaat hat sein eigenes Markenbier, auf das man dort schwört. Die den Schluck lohnenswerten Premium-Biere werden unter anderem von Cascade und J. Boag's in Tasmanien, Coopers in South Australia und Hahn in New South Wales gebraut.

Adressen

Um gar nicht erst in die Versuchung zu kommen, uns in den Weiten Australiens zu verlieren, haben wir uns bei der Auswahl der Adressen nur auf die in diesem Buch erwähnten Lokale und übrigen Food of Oz-Plätze in Australien beschränkt. Allen, die aber darüber hinaus ihr Wissen vertiefen wollen, empfehlen wir zum Schluß eine Reihe von wegweisenden Food-Büchern australischer Verlage.

Die internationale Vorwahl Australiens ist 00 61.

Die Abkürzungen bedeuten:
NSW   New South Wales
VIC   Victoria
SA   South Australia
NT   Northern Territory
QLD   Queensland

Essen

Paramount

Design-Ikone, Versuchslabor, intellektueller Szene-Treff –

vor allem aber eines der aufregendsten Restaurants Sydneys. Christine Manfield lotet die Grenzen der Fusionsküche aus, Margie Harris sorgt für die intime und vitale Atmosphäre. Probieren Sie das Degustations-Menü und vertrauen Sie auf die exzellente Weinauswahl und Beratung.
73 Macleay Street, Potts Point, Sydney NSW, Tel. 02-93 58 16 52, www.modernfood.com.au

Johnno's take away

Nicht schick, nicht wichtig, nichts für Gourmets und weit weg von Sydneys City. Doch wer die wunderschönen Northern Beaches erkunden will, findet hier Ruhe, erstklassige Fish'n' Chips und den Pazifik in seiner ganzen Weite.
Ecke Narrabean Park Parade/Hunter Street, Warriewood, Sydney NSW

Richmond Hill Cafe & Larder

Delikatessenladen und Cafe; Stephanie Alexander, Australiens bekannteste Köchin,

setzt hier wiederum Maßstäbe . »Beste Produkte in Bestform präsentiert« ist das Credo in Küche, Keller und Käseraum, wobei auch auf den besten Preis geachtet wird. Handgeschöpfter Feta mit Olivenöl, Ricotta-Ravioli mit Salbei, Hähnchen in Rotweinessig, Schokoladen-Butter-Pudding mit Mascarpone – klingt schlicht, schmeckt sensationell.
48 Bridge Road, Richmond, Melbourne VIC, Tel. 03-94 21 28 08

Jacques Reymond's Restaurant

Einen Michelin-Stern in Frankreich zurücklassend, kam Reymond Anfang der achtziger Jahre nach Melbourne und entwickelte mit sicherer Hand seine faszinierend französische Variante der Mod Oz Cuisine. Ein Essen in seiner viktorianischen Villa gehört zu den kulinarischen Highlights in Melbourne. Klassiker sind die in Pandanblättern gebratene Wachtel mit Räucheraal, Estragon und Koriander oder die Consommé

Oriental mit Babytintenfisch und Abalone-Muschel.
78 Williams Road, Prahran, Melbourne VIC, Tel. 03-95 25 21 78

Red Ochre Grill

Hier kann man die Früchte der Wüste im Stil der modernen australischen Küche genießen. In Alice Springs ist das elegante Restaurant der Treff am Abend. Mutige probieren Krokodil-Confit mit eingelegtem Gurken-Melonen-Pickle, andere liegen bei Büffelsteak mit Illawara-Pflaumen-Sauce richtig, ein Must ist das Sorbet aus Eukalyptushonig.
Todd Mall, Alice Springs NT, Tel. 08-89 52 96 14.
Weitere Lokale in **Adelaide SA,** Ebeneser Place Tel. 08-82 12 72 66) und Cairns QLD, 43 Sheilds Street, Tel. 07-40 51 01 00)

Trinken

Tyrrell's Vineyards

Sémillon, Chardonnay, Pinot Noir und Shiraz sind die

wichtigsten Trauben im re-
nommiertesten Weingut des
Hunter Valley; eine kleine
Rolle spielen Verdelho und
Riesling. Tyrell's produziert
Spitzenweine wie die legen-
däre Vat-Reihe, aber auch
hervorragende Alltagsweine
sowie Premium-Sekt und
Süßweine. In der Probier-
stube kann verkostet und
gekauft werden. Auf Anfrage
werden Touren angeboten.
Broke Road,
Pokolbin NSW 2320
Tel. 02-49 93 70 00
www.tyrrells.com.au

Moorebank Vineyards

Das junge Gut eines tief in
der Geschichte des Hunter
Valley verwurzelten Besitzer-
paars, setzt auf hohe
Qualität, gewissenhafte
Auslese und naturnahes
Arbeiten. Das Sortiment
ist noch klein, aber sehr,
sehr fein: Je ein Sémillon,
Chardonnay, Merlot sowie
ein trockener und ein
Boytritis-Gewürztraminer.
Im Probierkeller der typi-
schen »Boutique Vinery«
kann man auch Spezialitäten
wie Traubensauce oder
-Pickles kosten und kaufen.
Palmers Lane, Pokolbin
NSW 2320
Tel. 02-49 98 76 10

Einkaufen

Pontip

Ein Lebensmittelladen, wie
es ihn auch in Bangkok oder
Singapur geben könnte, mit
vielen exotischen Früchten
und Gemüse sowie Produkten
von diversen Palmzuckern bis
zu Sojateighüllen.
445 Pitt Street, Haymarket,
Sydney NSW

Shiu on Tong

Chinesische Apotheke, mit
deren getrockneten Pflanzen
und Kleintieren Kenner und
Profis ihre Gerichte veredeln.
22 Campbell Street,
Haymarket, Sydney NSW

Simon Johnson

Sydneys Feinkost-Boutique
mit den neuesten Produkten
bester Lebensmittel aus
Australien und der übrigen
Welt. Große Auswahl an Käse,
Ölen, Patisserie und Einge-
machtem.
55 Queen Street,
Woolhahra NSW
Tel. 02-93 28 68 88
Simon Johnson führt auch
das gigantische Food-
Kaufhaus in Sydneys GPO
(1 Martin Place, City) und
hat Läden im Stadtteil
Pyrmont (181 Harris Street)
und in Melbourne (12-14
David Street, Fitzroy, Melbourne VIC).
www.simonjohnson.com

Sydney Fish Market

Der Platz für Seafood-Fans
in Australien. 70 Tonnen
fangfrische »Südseefrüchte«,
bis zu 200 Arten, werden
hier werktags versteigert.
Täglich ab 7.00 Uhr gibt's
die auch in den Fischläden
neben der Auktionshalle.
Tip: Die Early Morning Breakfast Tour mit Blick hinter die
Kulissen und kleinem Imbiß.
Oder Lunch am Anleger mit
superfrischen Sushi und
spottbilligen Austern vom
Stand. Eine Seafood School
bietet Crashkurse mit den
Top-Köchen und Food-
Journalisten der Stadt.
Auktionen Mo.–Fr. Markt
täglich von 7.00–16.00.
Bank Street, Pyrmont,
Sydney NSW.
Infos und Buchungen über
Tel. 02-95 52 21 80
www.sydneyfishmarket.com.au

Queen Victoria Market

Historische Markthallen, in
denen alles zu haben ist,
was Australiern schmeckt:
frische Früchte und Gemüse,
feines Seafood, alle Arten
von Fleisch, gute Brote, da-
zwischen Stände mit Kaffee,
(Gourmet-)Fast Food und
typischer Marktkrimskrams.
Ein Muß für Foodies in
Melbourne!
Die. & Do. 6.00–14.00,
Fr. 6.00–16.00,
Sa. 6.00–13.00,
So. 9.00–16.00.
Elisabeth/Victoria/Perl,
Street, Melbourne VIC.
Touren buchen unter
Tel. 03-93 20 58 22

Hunter Valley Cheese Company

Die einzige Käserei der
Gegend produziert im

Seitentrakt eines Weinguts eine erstaunlich gute und große Auswahl an Frischkäse, Ziegenkäse, Brie und Rotschmierkäse sowie saisonalen Spezialitäten. Im Cafe können die Käse verkostet und zum Wein genossen werden. **McGuigan Cellars Complex, McDonalds Road, Pokolbin NSW Tel. 02-49 98 77 44**

Australian Native Fine Foods/Bush Tucker Supply
Das Unternehmen des Bushfood-Pioniers Vic Cherikoff hat alles im Porgramm, was an »native food« in Australien wächst und genießbar ist – inklusive veredelte Konserven. Gastronomen wie Privatleute können bei ihm weltweit bestellen. Die Website bietet gute Informationen über Bushfood, spezielle Rezepte und Restaurant-Tips.
30 Gordon Street, Rozelle, Sydney NSW Tel: 02-98 18 28 00, Fax: 02-98 18 29 00
info@bushtucker.com.au
www.bushtucker.com.au

Basically Wild Edible Art
Die engagierten Produzenten arbeiten mit der Queensland Bushfood Cooperative zusammen und sind Spezialisten für Saucen, Marinaden und Konfitüren aus Australiens Urzutaten. Biologischer Anbau und Umweltschutz spielen eine große Rolle. Die Produkte werden auch nach Europa versandt, wo das deutsch-australische Besitzerpaar lange gelebt hat.
182 Witta Road, Maleny QLD 4552, Tel. 07-54 94 49 70, Fax: 07-54 94 40 60
www.users.bigpond.com/BasicallyWild

Urlaub machen

Pepper Tree
Das in einem Jugendstilkonvent eingerichtete Landhotel und die moderne französische Küche von Robert's Restaurant machen das Weingut zur ersten Adresse im Hunter. Atmosphäre satt!
Halls Road, Pokolbin NSW

Convent:
Tel. 02-49 98 77 64
Robert's:
Tel. 02-49 98 73 30

Alice Springs Desert Park
Ein behutsam in die Landschaft eingebetteter Naturpark, der einen konzentrierten Überblick über die Pflanzen- und Tierwelt des Red Centre gibt. Regelmäßige Bushfood-Führungen, im Cafe und Laden werden Gerichte und Produkte aus Wildpflanzen angeboten.
Larapinta Drive, Alice Springs NT, Tel. 08-89 51 87 88

Lesen

Martin Symons
The Shared Table
Die »Ideen zur australischen Küche« des weitblickenden Food-Philosophen und -Praktikers Symons erhellen wie entzaubern viele Mysterien der Oz-Küche und sind auch im neuen Jahrtausend noch gültig.
282 S., AGPS Press 1991

Joan Campbell
Bloody Delicious!
Die große alte Dame des neuen australischen Food-Journalismus ist Mutter des weltweiten Erfolgs der Magazines von Vogue Entertaining Australia und Mäzenin vieler Stars der Mod Oz Cuisine. Ihre kulinarischen Memoiren inklusive ihrer Lieblingsrezepte zeigen ein Stück Küchengeschichte Australiens von den sechziger Jahren bis heute.
264 S., Allen & Unwin 1999

Alan Saunders
Australian Food
In regelmäßigen Abständen wird versucht, Australiens Küche mit Hilfe von Rezepten der anerkannten Köche darzustellen. Dies ist das Kompendium für den Beginn des neuen Jahrtausends, von einem Kenner der Szene herausgegeben und mit einem klugen Vorwort versehen.
224 S., Ten Speed Press 1999

Christine Manfield
Paramount Cooking
Paramount Desserts
Spice
Im Zwei-Jahres-Rhythmus veröffentlicht die Paramount-Chefin einen neuen Band voller magischer Rezepte aus ihrer Küche. In ihrem jüngsten Buch »Spice« geht sie selbstbewußt über die Grenzen Australiens hinaus und entführt kenntnisreich in die Welt der Gewürze und Aromen.
Paramount Cooking,
176 S., 1995
Paramount Desserts,
176 S., 1997
Spice,
376 S., 1999,
alle Viking Australia

Neil Perry
Rockpool
Er ist einer der Väter der neuen australischen Küche und als Multi-Gastronom ihr aktivster Botschafter, der auch die Fluglinie und Gourmetlokale in London bekocht und berät. In dem

nach seinem Stammhaus in Sydney benannten Buch werden Entwicklungen, Erfahrungen, Grundtechniken und klassische Rezepte der neuen Oz-Küche vermittelt, ohne daß aufdringliche Food-Fotos und Nabelschau dabei stören. Ein Standardwerk unter den Profi-Kochbüchern Australiens.
266 S.,
William Heineman
Australia 1996

Stephanie Alexander
Stephanie's Australias
The Cooks Companion
Was Perry heute für Syndey ist, war sie lange für Melbourne: treibende Persönlichkeit und Vorbild für die Food-Szene. Die frühere Buchhändlerin und spätere Starköchin hat eine ganze Reihe unterschiedlicher Bücher veröffentlicht. »Stephanie's Australia« stellt die Produkte des Kontinents und ihre Produzenten vor, »The Cooks Companion« ist ein australisches Grundkochbuch und ein Stück Küchenalltag.

The Cook's Companion,
824 S.,
Viking Australia 1998;
Stephanies Australia,
252 S., Charles E. Tuttle
1991

Jill Dupleix
New Food – Old Food
Die treffsicherste Food-Journalistin Australiens ist mit ihren Kochbüchern immer nah an den Trends und prägt manche selbst. New Food bietet Mod Oz Cuisine für den Hausgebrauch, Old Food zelebriert die Klassiker aus aller Welt.
New Food, 224 S.,
Mitchell Beazley 1994;
Old Food 240 S.,
Allen & Unwin 1998

Terry Durack
Yum
Der prominenteste Gastro-Kritiker Sydneys bestimmt dienstäglich im Sydney Morning Herald und im jährlichen Good Food Guide über die Schicksale der Lokale der Stadt. »Yum« ist eine Sammlung

von Erkenntnissen, Erlebnissen und Rezepten aus dem Leben eines Foodies in Australien, kompetent, pointiert und amüsant geschrieben. Ideale Urlaubslektüre für Gourmets auf Australientour.
304 S.,
William Heineman,
Australia 1996

Vic Cherikoff,
Jeniffer Isaacs
The Bushfood Handbook
Jeniffer Isaaks
A Companion Guide to
Bushfood
Das Handbuch verrät alles über Geschichte, Botanik, Sammelplätze, Anbau und Verwendung von Bushfood, dazu einige Rezepte. Der Guide ist ein kompaktes Taschenlexikon für alle, die selbst auf Bushfood Safari gehen wollen.
The Bushfood Handbook,
208 S., Ti Tree Press
Balmain 1991
A Companion Guide to
Bushfood,
160 S., Lansdowne 1996

rezepte

von a bis z

Toskana – Genussreise und Rezepte
Monica Cacciatore, Leonhard Reinirkens
Fotos: Ansgar Pudenz
Klassische und neue Rezepte aus einer
der schönsten Landschaften Italiens.
Wissenswertes über toskanische Weine,
Olivenöl und Käse. Empfehlenswerte
Adressen für Genießer.

96 Seiten mit vielen Farbabbildungen
ISBN 3–7750–0500–5

Vietnam – Genussreise und Rezepte
Mo Pham Lan, Alice Blohmann
Fotos: Ansgar Pudenz und Heimo Aga
Küche, Land und Menschen.
Spezialitäten aus Nord– und Südvietnam:
(noch) ein Geheimtip für Gourmets.

96 Seiten mit vielen Farbabbildungen,
Warenkunde und Bezugsquellen
ISBN 3–7750–0501–3

HÄDECKE

Weitere Informationen über die etwas
anderen Bücher für Genießer erhalten Sie vom:
Walter Hädecke Verlag, Postfach 1203
D – 71256 Weil der Stadt
Fax +49 (0) 70 33 – 52 98 31
e-mail: haedecke_vlg@t-online.de

Hädecke-Bücher machen Appetit